Zusammenleben
Zusammenarbeiten

Hauswirtschaftlich-sozialer Bereich

Jahrgangsstufe 8/M8
2. Auflage

von
Birgit Plößner
Edeltraud Fichtner

unter Mitarbeit von
Marlene Lex

Dr. Felix Büchner • Handwerk und Technik • Hamburg

Deutsche Gesellschaft für Ernährung
www.dge.de

Auswertungs- und Informationsdienst (aid)
www.aid.de

Bundesamt für Verbraucherschutz und
Lebensmittelsicherheit (BVL)
www.bvl.bund.de

Verbraucherzentrale Bayern e. V.
www.verbraucherzentrale-bayern.de

Forschungsinstitut für Kinderernährung (FKE)
www.fke-do.de

Bundesministerium für Verbraucherschutz,
Ernährung und Landwirtschaft (BMVEL)
www.verbraucherministerium.de

Verbraucherzentrale Bundesverband (vzbv)
www.vzbv.de

ISBN 978-3-582-07456-0

Verlag Dr. Felix Büchner – Verlag Handwerk und Technik G.m.b.H.,
Lademannbogen 135, 22339 Hamburg; Postfach 630 500, 22331 Hamburg – 2008

Satz: tiff.any GmbH, 10999 Berlin
Umschlaggestaltung: harro.wolter@freenet.de
Druck: B.O.S.S Druck und Medien GmbH, 47574 Goch

Euer Schulbuch ist ähnlich aufgebaut wie das der 7. Klasse. Es kann im Unterricht gleichermaßen von Regel- und M-Schülern benutzt werden. Jedes Kapitel enthält neben Grundlegendem auch anspruchsvollere Arbeitsaufträge sowie vertiefende Aspekte zum Thema. Weiterhin ist auf den Seiten 156 bis 167 ein Extrateil für die M-Klassen zu finden.

● Das Buch ist in Kapitel unterteilt. Einen Überblick darüber bekommt ihr im Inhaltsverzeichnis.
  Kapitel, die inhaltlich eine Einheit bilden, sind zu **Sequenzen** zusammengefasst. Zusammengehörende Kapitelnummern sind im Inhaltsverzeichnis jeweils mit einem Farbstreifen derselben Farbintensität hinterlegt.
  Im Unterricht könnt ihr gemeinsam mit eurer HsB-Lehrkraft festlegen, in welcher Reihenfolge die Sequenzen bearbeitet werden. Zudem kann jede Sequenz ein Rahmenthema erhalten.

● Das Sachwortverzeichnis auf Seite 177 hilft, einen Sachverhalt ganz schnell zu finden. Ihr möchtet zum Beispiel über Salmonellen etwas nachlesen. Das Sachwortverzeichnis informiert, auf welchen Seiten des Buches dazu etwas zu finden ist.

● Wie bereits im Vorjahr sind den meisten Kapiteln Rezepte zugeordnet. Sie sind auf die grundlegenden Inhalte des betreffenden Unterrichts abgestimmt.

● Im Anhang des Buches auf Seite 131 bis 155 findet ihr neben neuen und weiteren Rezepten vor allem Informationen über die sachgerechte Lebensmittelverarbeitung, wie sie der Küchenprofi beherrscht.

● Die Seiten mit den blauen Randstreifen etwa in der Mitte des Buches markieren wieder den Projektteil. In Projekten werden hier gemeinsam entwickelte Ideen umgesetzt. „Teamwork" ist dabei angesagt!

Auch die immer wiederkehrenden Symbole haben sich in ihrer Bedeutung nicht geändert:

 Ihr bekommt in der Beschreibung eine Vorstellung über die möglichen Schwerpunkte des Unterrichts.

 Der Kochtipp gibt Hinweise, woran ihr die Qualität eines Lebensmittels erkennen könnt
oder
welche Küchentricks bei der Zubereitung der jeweiligen Speise beachtet werden können.

 Bereits zu Hause für den Unterricht fit gemacht – könnt ihr diesen Wissensvorsprung im Unterricht unter Beweis stellen. Dies macht sicher, motiviert und bringt euch schneller voran!

 Das Symbol kennzeichnet Arbeitsaufträge. Ihr werdet aufgefordert, Fragen zu beantworten, einen Auftrag zu erledigen, ein Problem zu lösen oder Stellung zu nehmen.

 Das Wesentliche des Kapitels wird nochmals knapp „auf den Punkt" gebracht.

 Das „Siegertreppchen" – Zusatzinformationen für Interessierte. Ohne Fleiß kein Preis!

 Mit den „Bist du fit?"-Aufgaben könnt ihr testen, ob ihr das Gelernte verstanden habt und umsetzen könnt.

M-Zug   Für den M-Zug findet ihr viele vertiefende Ergänzungen und Extraseiten ab S. 156.

Beachtenswert ist die Umschlaggestaltung eures Buches. Nehmt euch etwas Zeit zum Anschauen! Die Schrift im Dreieck kennzeichnet viele Unterrichtsziele – ja eigentlich sogar Lebensziele.

Mit dem Wörtchen **D U** auf der Rückseite soll der eigene Blick stärker auf den Anderen gerichtet werden. Miteinander statt nebeneinander.

Ob das gelingt?
Wir wünschen es euch!

4

Inhaltsverzeichnis

Projektteil (blau markierte Seiten)

1 Einfache Arbeitsvorhaben planen

Du kannst neu dazulernen,

- Arbeitsschritte der praktischen Arbeitsaufgabe zusammenzufassen und in eine sinnvolle Abfolge zu bringen,
- Signalwörter für Wartezeiten und vorzubereitende Arbeiten zu erkennen,
- Speisen mithilfe eines Stärketeigleins zu binden,
- Zucchini sachgerecht zu verarbeiten.

Zucchinicurry

1 großes Putenschnitzel **1–2 kleine Zucchini** **1 Zwiebel, gewürfelt**	Schnitzel in 3 cm lange Streifen, Zucchini in dünne Scheiben schneiden.
1–2 EL Öl **1 TL Curry**	Öl erhitzen, Curry **kurz andünsten,** Fleisch, Zucchini und Zwiebel zugeben und mitdünsten.
¼ l Brühe	Mit Brühe aufgießen, 15–20 Min. leicht **köcheln lassen.**
1 gestr. EL Stärke **3 EL Wasser**	Zucchinicurry binden. Dazu Stärke und Wasser in einer Tasse zu einem klumpenfreien **Stärketeiglein** anrühren und in die kochende Speise einrühren. Zucchinicurry kurz aufkochen lassen.
etwas Zitronensaft **1 Pr. Zucker** **2 EL Sahne**	Mit Zitronensaft und Zucker abschmecken. Sahne **unterziehen,** nicht mehr aufkochen lassen.
Zum Garnieren: **1 Karotte, fein gewürfelt**	Zucchinicurry anrichten und mit den Karottenwürfeln garnieren.

Dieses Rezept kann abgewandelt werden:
1 Glas Champignons abseihen, feinblättrig schneiden und mit andünsten.

Zucchini zählen zu den Kürbisgewächsen. Die grünen, länglichen Früchte sind relativ geschmacksneutral, sie weisen lediglich ein leicht nussiges Aroma auf. Kleine Zucchini, sog. Zucchinetti, sind feiner im Aroma als größere. Weiche oder schrumpelige Früchte mit hellgelben Flecken auf der Schale sind Anzeichen von zu langer Lagerung. Zucchini lassen sich einige Tage gut im Kühlschrank lagern, jedoch nicht neben Obst oder Tomaten. Diese fördern durch die Abgabe von Reifegasen den Alterungsprozess.

Im Handel sind Fixprodukte zum Binden von Soßen erhältlich. Hierbei handelt es sich jedoch nicht um reine Stärke. Die ursprünglichen Stärkekörner werden technisch so behandelt, dass sie beim Einrühren in Flüssigkeiten langsamer Wasser aufnehmen. Somit entstehen keine Klümpchen. Die Zutatenliste dieser Fixprodukte zeigt, dass nicht nur Stoffe zur Behandlung der Stärke zugesetzt sind. Eine Reihe von Hilfsstoffen ist nötig, um die gewünschte Wirkung des Fix-Soßenbinders zu erzielen.

Quellreis

1 Tasse Reis
2 Tassen Wasser
etwas Salz

Reis mit Wasser und Salz in einen Topf geben. Zum Kochen bringen. Platte ausschalten. Bei geschlossenem Topf etwa 20 Min. auf kleinster Stufe **ausquellen lassen**. Restwärme der Platte nutzen.

Wichtig: ● Nicht umrühren! Der Reis brennt sonst leicht an!
● Der Reis muss zum Ende der Garzeit die ganze Flüssigkeit aufgesaugt haben.

Dieses Rezept kann abgewandelt werden zu Dünstreis mit Zwiebeln:
1 kleine Zwiebel, fein gewürfelt, zusammen mit dem Reis in wenig Butter andünsten, mit der entsprechenden Flüssigkeitsmenge aufgießen.

So erarbeitest du dir einen Wissensvorsprung:

1. Informiere dich auf S. 173 über die sachgerechte Verarbeitung von Zucchini!
2. a) Das Zucchinicurry wird mit einem Stärketeiglein gebunden. Was versteht man darunter? Informiere dich ggf. auf S. 169!
   b) Wie bewertest du den Einsatz eines Fix-Soßenbinders?
3. Lies die Rezepte Zucchinicurry und Quellreis genau durch!
   a) Stelle die Garzeiten heraus!
   b) Mit welchem Gericht beginnst du? Begründe!

1.1 Mit Rezepten arbeiten wie ein Profi

Rezepte stellen eine ausführliche Arbeitsanleitung dar und liefern detaillierte Informationen über die Zubereitung. Die ausführliche Formulierung der Arbeitsschritte erschwert jedoch ein zügiges Arbeiten beim Kochen. Dies verleitet dazu, Wort für Wort am Rezept zu kleben, und fördert somit unsachgemäßes und unprofessionelles Arbeiten.

Im Gegensatz dazu erschließt sich ein Profi im Vorfeld das Rezept. Er bedient sich dabei folgender Strategie:

- Zusammenfassen der Arbeitsschritte
- Anwenden der Fachsprache
- Deuten der Zutaten

Zusammenfassen der Arbeitsschritte

Als Hilfe hierzu sind die Rezepte in deinem Schulbuch grundsätzlich durch waagerechte Linien unterteilt. Dadurch werden die jeweiligen Arbeitsschritte erkennbar. Ziel ist, die umfangreichen Beschreibungen der Arbeiten in Kurzform stichpunktartig zusammenzufassen. Dies bedarf jedoch einiger Übung und muss anfangs schriftlich erledigt werden. Mit zunehmender Erfahrung stellt die Kurzfassung der Arbeitsschritte eine gedankliche Stütze dar.

Beispiel:

Zutaten	Zubereitung $\rightarrow$	Kurzform
1 großes Putenschnitzel 1–2 kleine Zucchini 1 Zwiebel	Schnitzel in 3 cm lange Streifen, Zucchini in dünne Scheiben schneiden	Zutaten zerkleinern

Arbeitsauftrag:
Fasse die einzelnen Arbeitsschritte der Rezepte Zucchinicurry und Quellreis stichpunktartig zusammen!

Anwenden der Fachsprache

Professionelles Arbeiten ist gekennzeichnet durch die Verwendung der Fachsprache. Dadurch werden langatmige Erklärungen überflüssig – Insider wissen, was damit gemeint ist. So sprechen Fachleute im EDV-Bereich ganz selbstverständlich von Booten, Backslash und Optionen, im Tennis ist klar, was ein Break, Slice und Topspin ist, und Küchenprofis kochen medium, al dente und à point.

Im Rezept Zucchinicurry trifft dies für folgenden Arbeitsschritt zu.

Zucchinicurry binden. Dazu Stärke und Wasser in einer Tasse zu einem klumpenfreien Stärketeiglein anrühren und in die kochende Speise einrühren. Zucchinicurry kurz aufkochen lassen.	$\Rightarrow$ **Fachsprache:**	Binden mit Stärketeiglein

Arbeitsauftrag:
In den Rezepten Zucchinicurry und Quellreis finden sich folgende Fachbegriffe:
- andünsten
- unterziehen
- ausquellen lassen
- köcheln lassen
- binden

Erkläre, was damit gemeint ist! Zusätzliche Informationen findest du auf S. 168.

Deuten der Zutaten

Häufig genügt es für erfahrene Meister der Küche, lediglich einen Blick auf die Zutaten des Rezeptes zu werfen. Das geschulte Auge zieht Schlüsse aus der Art und Menge sowie der Abfolge der jeweiligen Zutaten.

Folgendes Beispiel verdeutlicht dies:

250 g Mehl 1 Prise Salz $3/8$ l Milch 4 Eier	400 g Mehl 1 Prise Salz 4 Eier $1/4$ l Wasser	250 g Mehl 1 Prise Salz 1 Ei 1–2 EL Öl $1/8$ l Wasser	250 g Mehl 1 Prise Salz 2 Eier 2 EL Wasser
⬇	⬇	⬇	⬇
Pfannkuchenteig	Spätzleteig	Strudelteig	Nudelteig

Arbeitsauftrag:
Für die Zubereitung von Quellreis sind für einen Profi folgende Informationen ausreichend:
Begründe!

Zutaten:

1 Tasse Reis
2 Tassen Wasser
etwas Salz

Wir erkennen:
Eine stichpunktartige Zusammenfassung der Arbeitsschritte macht die Zubereitung einer Speise überschaubarer. Profis bedienen sich zudem der Fachsprache.

1.2 Arbeiten nach Plan

Zusammengefasste Arbeitsschritte und die Verwendung der Fachsprache erleichtern zwar den Überblick über ein Rezept, garantieren jedoch nicht den reibungslosen Ablauf bei der Zubereitung. Um später wirklich ohne Stress durcharbeiten zu können, ist es nötig, das Rezept vorher gut durchzulesen und dabei folgende Überlegungen anzustellen:
● Welche Vorarbeiten müssen erledigt werden?
● Welche Wartezeiten fallen an – und welche Arbeiten können in dieser Zeit durchgeführt werden?

Wartezeiten werden im Rezept durch die Angabe der Garzeit, z. B. <u>30 Min. köcheln lassen,</u> <u>15 bis 20 Min. backen,</u> oder durch Hinweise auf die Weiterverarbeitung erkennbar, z. B. <u>durchziehen lassen, kühl stellen.</u>
Ferner signalisieren Begriffe wie „Zwiebel gewürfelt", „Teig auf vorbereitetes Blech geben", dass vor der Zubereitung gewisse Vorarbeiten erledigt werden müssen.

Arbeitsaufträge:
1. Finde im Rezept die Signalwörter, die auf Vorarbeiten und Wartezeiten hindeuten.
2. a) Nach welchem Arbeitsschritt entsteht eine Wartezeit?
   b) Welche Arbeiten des Rezepts können in dieser Zeit erledigt werden?

1. Zutaten zerkleinern

2. Zutaten andünsten

3. Gericht aufgießen und köcheln lassen

4. Binden mit Stärketeiglein

5. Gericht abschmecken

6. Gericht anrichten

c) An welcher Stelle würdest du folgenden Arbeitsschritt einschieben? Begründe!

Quellreis zusetzen, 18 Min.

Wir erkennen:
Je professioneller ein Rezept im Vorfeld durchgearbeitet wird, desto müheloser gelingt die Zubereitung!

Vorsprung durch Wissen!

Vergleiche die verschiedene Schreibweisen der Rezepte für Hackfleisch-gerichte!
1. Welche Unterschiede stellst du fest?
2. Für welche Personengruppe ist die jeweilige Schreibweise angemessen? Begründe!

Hackfleischsoße

Hackfleischsoße:

1 Zwiebel 2 EL Öl	Zwiebel würfeln und in heißem Öl glasig dünsten.
250 g Hackfleisch	Hackfleisch zugeben und mitbraten.
⅛ l Würfelbrühe 1 TL Oregano ½ TL Rosmarinpulver etwas Tabasco, Salz	Mit Würfelbrühe aufgießen, würzen.
3 gehäutete Tomaten 2 EL Tomatenmark 1 Knoblauchzehe, gepresst	Tomaten würfeln, mit dem Tomatenmark und dem Knoblauch zur Fleischsoße geben. 20–30 Min. bei sehr schwacher Hitze köcheln lassen.

250 g gemischtes oder mageres Hackfleisch
2–3 Zwiebeln
3 Paprikaschoten
2 mittelgroße Gurken
4–5 Tomaten, Salz, Paprika

zum Dünsten:
4 EL Öl, ¼ l Flüssigkeit
4 EL Rahm

zum Binden nach Belieben:
¼–1 EL Mehl
reichlich Petersilie

Pikantes Hackfleischgericht

Hackfleisch in heißem Öl leicht anrösten, fein geschnittene Zwiebeln zugeben, goldgelb rösten, die in feine Streifen geschnittenen, von Rippen und Kernen befreiten Paprika-schoten sowie die von Kernen befreiten, in 2 cm lange Stückchen geschnittenen Gurken beifügen, mit andünsten, dann die gebrühten, gehäuteten und geviertelten Tomaten zugeben, mit Salz und Paprika würzen, bei Bedarf etwas Flüssigkeit zugießen, bei mäßiger Hitze in geschlossenem Topf gar dünsten, Garzeit etwa ½ Stunde; mit etwas Rahm und reichlich gewiegter Petersilie verbessern, gut abschmecken, falls erwünscht, leicht binden.

2 Professionell abmessen und wiegen

Du kannst neu dazulernen,

- unterschiedliche Angaben zum Abmessen von Flüssigkeiten selbstständig umzusetzen,
- die Technik des Ausbackens von Crêpes anzuwenden,
- das Füllen und Aufrollen von Crêpes kennen zu lernen und dabei systematisches Arbeiten zu üben.

Crêpes mit bunter Gemüse-Käsefüllung

„Crêpes" sind eine französische Erfindung, die es schon seit dem 13. Jahrhundert gibt. Es ist ein verfeinerter Pfannkuchenteig, der dünn ausgebacken wird. Die Füllung kann süß sein mit Marmelade, Haselnusscreme, Bananen oder Sahne. Crêpes können aber auch pikant mit Gemüse oder Käse gefüllt werden.

100 g Mehl **⅛ l Milch** **⅛ l Mineralwasser**	Mehl in eine Schüssel sieben. Nach und nach mit dem Handrührgerät Milch und Mineralwasser unterrühren.
20 g Butter **4 Eier** **1 Msp. Salz**	Butter schmelzen. 2 Eier trennen und Eiklar beiseite stellen. 2 Eier, 2 Eigelbe und Salz mit der geschmolzenen Butter zu einem glatten Teig verrühren. Teig 20–30 Minuten zugedeckt quellen lassen.
Füllung: **2 kleine Zucchini** **1 kl. rote Paprikaschote** **½ Zwiebel** **1 Knoblauchzehe** **2 EL Öl** **½ TL Thymian** **¼ TL Salz** **¼ TL Pfeffer** **3 EL Frischkäse** **100 g geriebener Emmentaler**	Zucchini und Paprikaschote putzen, waschen und in kleine Würfel schneiden. Zwiebel und Knoblauch fein hacken und in heißem Öl glasig dünsten. Gemüse zugeben, Salz und Gewürze zufügen und unter Rühren anschmoren. Von der Kochplatte nehmen, Frischkäse und Käse unterziehen, Füllung abschmecken.
Ausbacken der Crêpes: **Ausbackfett**	Ausbackfett in der Pfanne erhitzen. Aus dem Teig 5–6 Crêpes backen, füllen und zusammen schlagen, heiß servieren.

Übrige oder „misslungene" Crêpes können in dünne Streifen (Flädle) geschnitten und für eine Suppe eingefroren bzw. weiterverwendet werden.

Vorsicht heißes Fett!
Darauf achte ich:
Pfanne trocken erhitzen!
Fett zugeben, Hitzezufuhr kontrollieren!
Sobald das Fett zu rauchen beginnt, ist es überhitzt!
Pfanne dann sofort von der Kochplatte nehmen und abkühlen lassen!
Überhitztes Fett kann sich entflammen.
Merke: Brennendes Fett mit Topfdeckel oder Löschdecke ersticken.
Niemals mit Wasser löschen!

So erarbeitest du dir einen Wissensvorsprung:

1. Was versteht man unter Crêpes?
2. Bringe die Arbeitsschritte in eine sinnvolle Abfolge!

Crêpes ausbacken

Teig herstellen, quellen lassen

Crêpes füllen

Arbeitsplatz vorbereiten

Zutaten abmessen und wiegen

Füllung herstellen

3. Worauf achtest du beim Erhitzen von Fett?

Richtiges Abmessen von Flüssigkeiten

Die Menge einer Zutat wird in Gramm oder Kilogramm abgewogen bzw. abgemessen. Bei Flüssigkeiten gibt es unterschiedliche Angaben.

l		ml		ccm		Bruchschreibweise
1	=	1000	=	1000	=	$\frac{1}{1}$
0,75	=	750	=	750	=	$\frac{3}{4}$
0,50	=	500	=	500	=	$\frac{1}{2}$
0,375	=	375	=	375	=	$\frac{3}{8}$
0,25	=	250	=	250	=	$\frac{1}{4}$
0,125	=	125	=	125	=	$\frac{1}{8}$
0,063	=	63	=	63	=	$\frac{1}{16}$

Arbeitsauftrag:
In Rezepten liest man häufig für Flüssigkeiten die Mengenangabe $\frac{3}{8}$ l. Wie kannst du dies mit dem abgebildeten Messbecher genau abmessen?

Wir erkennen:
Voraussetzungen für ein gelungenes Ergebnis entstehen, wenn wir

das heißt, wir arbeiten

erst vorbereiten, dann zubereiten,	=	ohne Unterbrechung,
exakt abmessen und -wiegen,	=	genau,
entsprechend der Beschreibung des Rezeptes arbeiten.	=	sachgerecht.

Gut gerechnet ist halb gemessen

Nicht immer sind die Mengenangaben des Rezeptes auch auf der Skala des Messbechers angegeben. Um die Menge richtig abmessen zu können, muss gerechnet werden. Zusätzlich gibt es Tricks, um in einigen Situationen auf den Messbecher verzichten zu können.

1. 100 ml = $\frac{1}{10}$ l
   Wie viel ml sind $\frac{1}{20}$ l ?

2. Für eine Quarkspeise wird der Sahnequark mit $\frac{1}{16}$ l Milch angerührt. Für eine Kinderfeier wird das vierfache Rezept hergestellt. Wie viel Liter Milch benötigst du?

3. Ein Becher Sahne enthält 200 g Schlagrahm. Zum Verfeinern von Soßen werden häufig 100 ml benötigt. Wie würde ein Profi diese Menge abmessen?

4. Für folgendes Heißgetränk muss der Gewürzsud aufkochen. Warum ist die abgebildete Vorgehensweise zum Abmessen der Flüssigkeiten ungünstig?

Apfel-Kirsch-Zauber

gut $\frac{1}{4}$ l Wasser	Wasser mit den Gewürzen und dem Zucker kalt
2 Stangen Zimt	zusetzen und zum Kochen bringen.
5 Gewürznelken	
2 TL Zucker	
1 Zitrone, ausgepresst	Saft zugeben und erwärmen, aber nicht mehr
$\frac{1}{2}$ l klarer Apfelsaft	kochen lassen. Getränk 5–10 Min. ziehen
$\frac{1}{4}$ l Kirschsaft	lassen.

5. Zum Kochen von 250 g Nudeln werden 2–3 l Wasser benötigt. Jemand mit Kocherfahrung braucht dafür keinen Messbecher. Erkläre!

6. In 1 Kaffeetasse passt $\frac{1}{8}$ l Flüssigkeit.
   In 1 Arbeitstasse passt $\frac{1}{4}$ l Flüssigkeit.
   Wann kann dieses Wissen hilfreich sein?

3 Kostengünstig haushalten
Einkochen von Lebensmitteln

Du kannst neu dazulernen,

- Lebensmittel, die in der Saison reichlich vorhanden sind, durch Einkochen zu bevorraten,
- Lebensmittel haltbar zu machen, indem die Lebensbedingungen für die Mikroorganismen stark eingeschränkt werden,
- die Vorteile von selbst hergestelltem Ketchup gegenüber käuflicher Ware herauszustellen.

Ketchup is very popular today.
You can get it in different tastes, e.g. curry ketchup, barbecue ketchup etc.
The word *KETCHUP* sounds English but it comes from the old Chinese word *KOE TSIAP*. It was brought to Europe by the English. They called it „ketchup".
Another popular sauce is SALSA. Perhaps you know salsa from Mexican meals. The word SALSA is taken from the Spanish language. It means „spicy hot sauce". The hot taste doesn't come from pepper, but from chilli, cayenne (= very hot red pepper) or hot paprika powder. Some like it hot!

„Salsa"-Ketchup

500 g reife Tomaten **200 g rote Paprika-** **schoten** **100 g Zwiebeln**	Tomaten häuten und grob würfeln, Paprikaschoten und Zwiebeln ebenfalls grob würfeln.
200 ml Essig **1 EL Salz** **80 g Zucker** **1 TL Sojasoße** **1 Knoblauchzehe** **1 Lorbeerblatt** **½ TL Rosmarinpulver** **1 TL Thymian** **½ TL Salbei, getrocknet** **1 TL Paprika, edelsüß** **1 TL Paprika, scharf**	Zutaten in einen Topf geben, Tomaten, Paprikaschoten und Zwiebeln zugeben. Alles kurz aufkochen lassen, zurückschalten und 15 Min. ziehen lassen. Lorbeerblatt entfernen, Ketchup im Mixer zerkleinern und wieder in den Kochtopf geben.
2 EL Stärke **3 EL Wasser**	Ketchup kurz aufkochen lassen, mit dem Stärketeiglein binden. Ketchup mit **2 Löffeln abschmecken**.

Stärke oder Mehl verwenden wir beim Kochen zum Binden von Speisen. Stärke verkleistert bei höheren Temperaturen. Diese Bindefähigkeit, die Speisen fest macht (z. B. Pudding), kann jedoch zerstört werden. Zu langes Kochen oder auch ein Enzym im Speichel des Menschen führen dazu, dass gebundene Speisen wieder flüssig werden.

1. Gläser vorbereiten:

Jedes Glas sorgfältig spülen, mit klarem, heißem Wasser nachspülen. Gläser mit der Öffnung nach unten auf die Abtropffläche der Spüle stellen. **Nicht nachtrocknen**, die Fusseln vom Tuch könnten den Inhalt verderben!

2. Gläser füllen:

Gläser auf ein feuchtes Tuch stellen. Damit kann ein Zerspringen des Glases verhindert werden. Einkochmasse mit einem Löffel oder kleinen Schöpfer **kochend heiß** in die Gläser füllen, Ränder gründlich abwischen und die Gläser verschließen.

3. Gläser aufbewahren:

Gläser mit Etiketten versehen. Die Gläser sollten in einem trockenen, kühlen Raum aufbewahrt werden. Der Kühlschrank ist wegen seiner hohen Luftfeuchtigkeit nicht zur Lagerung geschlossener Gläser geeignet.

So erarbeitest du dir einen Wissensvorsprung:

1. Die Auswahl an Ketchup ist groß – es ist in vielen Geschmacksrichtungen zu günstigen Preisen erhältlich. Warum stellen manche Leute Ketchup selbst her?
2. Im Rezept **„Salsa"-Ketchup** sowie in der Beschreibung zum Einfüllen ist einiges fett gedruckt. Überlege, warum dies besonders zu beachten ist!
3. Das Ketchup wird am Schluss gebunden.
   a) Was versteht man unter einem Stärketeiglein?
   b) Worauf achtest du beim Anrühren des Stärketeigleins?
4. Woran liegt es, dass unser Ketchup eine Haltbarkeit von mehr als einem Jahr hat?

5. Zum Pürieren des Ketchups stehen folgende Geräte zur Wahl:

99,00€   180,00€   64,00€

a) Entscheide dich für eine Möglichkeit unter Berücksichtigung folgender Punkte:
   - Reinigungsaufwand
   - Langlebigkeit
   - Anschaffungskosten
   - Rüstzeit (Zeit zum Auf- und Abbau des Gerätes)
   - Platzbedarf in der Küche
   - Reparaturanfälligkeit
b) Formuliere mindestens zwei Regeln zur Unfallvermeidung!
c) Weshalb ist bei Benutzung der Küchenmaschine eine Bedienungsanleitung unverzichtbar?

3.1 Haltbarmachen durch Einkochen

Für den Lebensmittelverderb sind Kleinstlebewesen, so genannte Mikroorganismen, verantwortlich, z.B. Gärungskeime, Bakterien, Sporen von Schimmelpilzen usw. Diese Mikroorganismen sind sowohl in den Nahrungsmitteln als auch in der Luft vorhanden. Um sich zu vermehren, benötigen sie Luft, Wärme, Feuchtigkeit sowie einen günstigen pH-Wert. Nach und nach machen sie somit Lebensmittel ungenießbar.

Will man Lebensmittel konservieren, so wird dies immer darauf abzielen, den Mikroorganismen die Lebensbedingungen zu entziehen. Neben der Zugabe von Zucker oder Essig ist es vor allem das Erhitzen unter Luftabschluss, das eine lange Haltbarkeit durch Einkochen garantiert. Dieser Luftabschluss entsteht wie folgt:

Die Masse dehnt sich während des Erhitzens aus.

Das Füllgut wird kochend heiß in vorbereitete Gläser gefüllt und mit Twist-off-Deckeln (engl. twist = drehen) verschlossen.

Durch das Abkühlen zieht sich das Füllgut wieder zusammen – es bildet sich ein Vakuum (= luftleerer Raum).
Druckprobe mit Daumen

Arbeitsauftrag:
Begründe die Notwendigkeit folgender Regeln beim Einkochen:
- Einkochmasse, z. B. Ketchup, unbedingt mit zwei Löffeln abschmecken.
- Gläser und Deckel in klarem, heißem Wasser nachspülen.
- Gläser abtropfen lassen – keinesfalls trocknen.
- Füllgut kochend heiß einfüllen.
- Auf sauberen Glasrand achten.
- Gläser sofort verschließen.

Wir erkennen:

schlechte Lebensbedingungen kein Wachstum der Mikroorganismen gute Haltbarkeit

Wer mehr wissen will:
Lebensmittel, die sich nicht durch Einkochen haltbar machen lassen, wurden früher u. a. eingesalzen. Das Salz entzieht den Mikroorganismen Feuchtigkeit. Ein Beispiel dafür ist das Einsalzen von Kräutern.

Omas Brühwürfel:

1,5 kg Grünes:	z. B. Petersilie, Liebstöckel, Lauch, Sellerie, Karotten. Die Mischung kann nach Belieben zusammengestellt werden. Kräuter und Gemüse putzen und waschen, anschließend durch den Fleischwolf drehen.
500 g Salz:	Die Kräutermasse mit dem Salz vermischen, in Gläser füllen und kühl stellen. Die Masse ist gut ein Jahr haltbar.

Diese Masse diente früher als Grundlage für Suppen und Soßen aller Art. Heute verwenden wir dafür häufig vorgefertigte Brühwürfel.

3.2 Selbst einkochen aus gutem Grund

Die Industrie nimmt uns heute die Haltbarmachung von Lebensmitteln weitgehend ab. Die Produktpalette reicht von Ketchup über Marmelade bis hin zu Konserven aller Art. Im Vergleich zu früher steht damit dem Verbraucher heute eine Vielfalt an vorgefertigten Lebensmitteln das ganze Jahr über zur Verfügung.

Bequemlichkeit hat jedoch ihren Preis: Das Produkt selbst gibt selten Aufschluss über die verwendete Rohware und den Verarbeitungsweg bei der Konservierung. Preis und Geschmack können kein sicheres Anzeichen für wirkliche Qualität sein. Hinweise findet der Verbraucher allenfalls auf der Zutatenliste.

Arbeitsaufträge:
1. Was spricht dafür, Lebensmittel selbst einzukochen?
2. Vergleiche selbst hergestelltes Ketchup mit einer käuflichen Ware!
   a) Was stellst du hinsichtlich der Hauptzutat fest?
   b) Beim industriell hergestellten Ketchup werden häufig Geschmacksverstärker zugegeben – warum wohl?

Tomatenketchup käufliche Ware:	Tomatenketchup selbst hergestellt:
Tomatenmark Zucker Zwiebeln Branntweinessig Paprika (rot, grün) Jalapeno Chilies JODsalz modifizierte Stärke Gewürze Rote-Bete-Saftkonzentrat Verdickungsmittel Xanthan 	500 g reife Tomaten 200 g rote Paprikaschoten 100 g Zwiebeln 200 ml Essig 1 EL Salz 80 g Zucker 1 TL Sojasoße 1 Knoblauchzehe 1 Lorbeerblatt ½ TL Rosmarin, gemahlen 1 TL Thymian, getrocknet ½ TL Salbei, getrocknet 1 TL Paprika, edelsüß 1 Msp. Paprika, rosenscharf 2 EL Stärke 3 EL Wasser 

Wir erkennen:
Selbst eingekochte Speisen zeichnen sich aus durch
- gute Qualität der Ausgangsware,
- keine Zusatzstoffe oder billige Füllstoffe,
- unverfälschten Geschmack,
- einmaliges Aroma durch den Eigengeschmack der Lebensmittel und die ausschließliche Verwendung von Gewürzen.

Da weiß man, was man hat!

1. Beim Haltbarmachen von Lebensmitteln geht es darum, den Bakterien die Lebensbedingungen (Luft, Wasser, Wärme, pH-Wert) zu entziehen. Wodurch werden folgende Lebensmittel haltbar?

Essiggurken	Milchpulver
Erdbeermarmelade	Champignons im Glas
Trockenfrüchte	H-Milch
Schlemmerfilet	getrocknete Kräuter

Bist du fit

2. Lies die Zutatenliste des nachfolgenden Produktes und beurteile die dargestellte Werbemethode!

Zutaten: Tomatenmark, Tomatensaft, Branntweinessig, Zucker, Glucosesirup, Speisesalz, Gewürze, Aromen.

4 Kostengünstig haushalten
Führen eines Haushaltsbuches

Du kannst neu dazulernen,

- mithilfe einer Haushaltsbuchführung einen Überblick über Ausgaben und Einnahmen zu erlangen sowie Einsparungsmöglichkeiten abzuleiten,
- beim Einkauf von Lebensmitteln Qualität und Preis kritisch zu vergleichen,
- Kürbis sachgerecht zu verarbeiten und anfallende Reste zu verwerten,
- ein einfaches Lebensmittel anspruchsvoll zu präsentieren.

Kürbissuppe

1 Zwiebel 1 Knoblauchzehe 500–750 g Kürbisfleisch	Zwiebel würfeln, Knoblauchzehe pressen. Kürbisfleisch in grobe Würfel schneiden.
2 EL Olivenöl	Olivenöl in einem Topf erhitzen, Zutaten andünsten.
½ l Wasser 1 TL Brühe ½ Becher Sahne 1 TL Salz 1 TL Paprikapulver, edelsüß ½ TL Paprikapulver, scharf 1 Msp. Muskat, gemahlen etwas Pfeffer	Suppe aufgießen, Gewürze zugeben und etwa 30 Min. köcheln lassen.
1 TL Kürbiskernöl	Suppe anschließend pürieren. Mit Kürbiskernöl abrunden. Suppe nochmals aufkochen lassen.
Anrichten: 1 Scheibe Toastbrot 1 EL Butter 2 Knoblauchzehen, gepresst	Toastbrot in 1 cm große Würfel schneiden. Butter in einer Pfanne zerlassen und Brotwürfel goldgelb anrösten. Knoblauch zugeben, kurz mitgaren, Pfanne von der Herdplatte nehmen.
2 EL Kürbiskerne ½ Becher Sahne	Kürbiskerne in einer Pfanne trocken rösten. Sahne mit den Rührbesen des Handrührgerätes anschlagen.
	Suppe auf 4 Teller verteilen. Mit den Brotwürfeln und Kürbiskernen bestreuen. Sahneklecks darauf geben und sofort servieren.

Kürbis, ursprünglich aus Südamerika kommend, wird bei uns vor allem in den Herbstmonaten angeboten. Genießbar ist nur das Fruchtfleisch – die harte Schale sowie das weiche, faserige Innere müssen entfernt werden. Aufgrund des neutralen Geschmacks wird Kürbis unterschiedlich verarbeitet, z.B. zu Marmelade, süßsauer eingelegt oder als Gemüse in Eintöpfen und Aufläufen etc. Die Reife eines Kürbisses kann man mit der Klopfmethode feststellen. Eine ausgereifte Frucht gibt beim Klopfen einen klingenden Ton von sich.

So erarbeitest du dir einen Wissensvorsprung:

1. Kürbissuppe zählt zu den einfachen Speisen. Informiere dich im Rezept, wodurch das Gericht aufgewertet wird! (Geschmack, Anrichten)
2. Informiere dich auf S. 173 über die sachgerechte Verarbeitung von Kürbis! Welche Teile des Gemüses müssen entfernt werden?
3. a) Vergleiche die abgebildeten Toastpackungen hinsichtlich des Preises und der Zutaten!
   b) Erkläre die Preisunterschiede!

Zutaten:
Weizenvollkornmehl, Wasser, Natursauerteig, Pflanzenfett (gehärtet), Hefe, Traubenzucker, Salz, Molkenpulver, Milcheiweiß, Sojamehl

Zutaten:
Mehl (60 %) (Weizen, Weizenvollkorn), Wasser, Haferflocken (3 %), Roggenflocken (3 %), pflanzl. Fette, Hefe, Salz, Säureregulator, Natriumacetate – kann Spuren von Soja und Milch enthalten

Zutaten:
Weizenmehl, Wasser, Hefe, Salz, Emulgator (Lecithin), Butterreinfett

4.1 Funktionsweise einer einfachen Haushaltsbuchführung

Wer einen Haushalt führt, möchte das Geld so gut wie möglich einteilen. Mithilfe einer einfachen Haushaltsbuchführung werden Einnahmen und Ausgaben notiert. Somit wird der Geldfluss übersichtlich und kontrollierbar.
Eine Haushaltsbuchführung funktioniert folgendermaßen:

Eintragungen

1 Einnahmen
Wie viel Geld steht insgesamt zur Verfügung?

2 Feste Ausgaben
Welche Ausgaben fallen regelmäßig in gleichbleibender Höhe an?

3 Flexible Ausgaben
Wie viel Geld steht zur Lebensführung zur Verfügung?

Auswertung

4 Jahresübersicht
Übersichtliche Zusammenstellung aller monatlichen Einnahmen und Ausgaben.

5 Besondere Ausgaben
Kosten, die außer der Reihe anfallen, z.B. Urlaub, Wohnungsnebenkosten

6 Geldanlage/Kredit
Welche Summe kann gespart bzw. zur Abzahlung von Krediten aufgewendet werden?

So kann die Haushaltsbuchführung eines Jugendlichen aussehen:

1 Feste Einnahmen	Januar	Februar	März	April	Mai	Juni	Juli
Taschengeld	70	70	70	70	70	70	70
Zuschuss Oma	30	30	30	30	30	30	30
Geburtstagsgeld	0	0	0	150	0	0	0
Job Zeitung austragen	50	50	50	50	50	50	50
Flohmarkt/Verkauf	0	0	100	0	0	0	75
Summe	**150**	**150**	**250**	**300**	**150**	**150**	**225**

2 Feste Ausgaben	Januar	Februar	März	April	Mai	Juni	Juli
Raten Laserdrucker	15	15	15	15	15	15	15
Handy	20	20	20	20	20	20	20
Beitrag Sportverein	30	30	30	30	30	30	30
Zeitschriftenabo	35	35	35	35	35	35	35
Summe	**100**	**100**	**100**	**100**	**100**	**100**	**100**

3 Flexible Ausgaben	Januar	Februar	März	April	Mai	Juni	Juli
Imbiss	20	20	15	20	15	15	20
Disco/Freizeit	20	20	50	30	20	20	20
Musik	10	10	50	50	15	0	15
Summe	**50**	**50**	**115**	**100**	**50**	**35**	**55**

4 Jahresübersicht	Januar	Februar	März	April	Mai	Juni	Juli
Feste Einnahmen	150	150	250	300	150	150	225
Feste Ausgaben	100	100	100	100	100	100	100
Flexible Ausgaben	50	50	115	100	50	35	55
Differenz	**0**	**0**	**35**	**100**	**0**	**15**	**70**

5 Besondere Ausgaben	Januar	Februar	März	April	Mai	Juni	Juli
Weihnachtsgeschenke	0	0	0	0	0	0	0
Mofa-Führerschein	0	0	0	500	0	0	0
Summe	**0**	**0**	**0**	**500**	**0**	**0**	**0**

6 Geldanlagen/Kredite	Januar	Februar	März	April	Mai	Juni	Juli
Sparbetrag für Mofa	?	?	?	?	?	?	?
Raten Digitalkamera	?	?	?	?	?	?	?
Summe	**??**	**?**	**?**	**?**	**?**	**?**	**??**

Arbeitsauftrag:
Notiert mithilfe des Computers für jede HsB-Stunde Ausgaben und Einnahmen übersichtlich in Tabellenform!

4.2 Möglichkeiten des Einsparens von Geld

Sinn und Zweck jeder Haushaltsbuchführung ist festzustellen,
- ob die zur Verfügung stehenden Mittel ausreichen,
- wann besonders hohe Ausgaben anfallen,
- wo Einsparungen möglich sind.

Sowohl im HsB-Unterricht als auch im privaten Haushalt stellen die Ausgaben für Essen und Getränke einen umfangreichen Kostenfaktor dar.

Arbeitsaufträge:
1. Überlege anhand des Rezeptes Kürbissuppe, wo du die einzelnen Zutaten kostengünstig einkaufen kannst.
2. Berechne den Preis für einen Teller Suppe!

Wird ein ganzer Kürbis verarbeitet, muss zwangsläufig überlegt werden, auf welche Weise die großen Mengen an Fruchtfleisch Verwendung finden können.
Durch sinnvolle Resteverwertung und Vorratshaltung können Kosten gespart werden. Zusätzlich eröffnet sich durch die Vermarktung selbst hergestellter Kürbisprodukte eine Einnahmequelle.

Rezeptbeispiele:

- Kürbismarmeladen
- Kürbisbrot
- Kürbismuffins
- Kürbisketchup
- Kürbis, süß-sauer eingelegt

(Siehe Kürbisprojekt im Kapitel C, S. 76 ff.)

Wir erkennen:

Möglichkeiten des Einsparens von Geld durch

Einnahmen erhöhen   Ausgaben senken

Wer mehr wissen will:

Kürbisse aus Eigenproduktion

Kürbisse können fast zum Nulltarif selbst angebaut werden. Die genügsame Pflanze stellt wenig Ansprüche an Boden und Pflege. Im späten Frühjahr werden die auf der Fensterbank vorgezogenen Jungpflanzen ins Freiland gepflanzt. Ein idealer Platz für den Kürbis ist der Komposthaufen, weil hier ausreichend natürlicher Dünger zur Verfügung steht. Ein besonderes Markenzeichen von Kürbissen ist der hohe Ertrag. Bis zur Ernte erreichen die Früchte je nach Sorte mehrere Kilo Gewicht. Von besonders gesunden und schönen Kürbissen werden die Kerne getrocknet und dienen im darauffolgenden Jahr als Saatgut für die Jungpflanzen.

Bist du fit

1. Für die eigene Haushaltsbuchführung gibt es vorgefertigte Formulare bei Banken, Verbraucherzentralen etc. Aus welchem Grund ist es auf Dauer sinnvoll, sich eigene Vorlagen am Computer zu erstellen?

2. Es gehört zu Serviceleistungen von Sozialämtern, Menschen in Haushaltsbuchführung einzuweisen. Welchen Nutzen verspricht man sich davon?

3. Als verlockendes Angebot für den Kunden werben viele Firmen mit Ratenkäufen. Immer mehr Menschen kaufen beispielsweise Autos, Möbel, Computer und Fernseher auf Kredit oder fahren gar „auf Pump" in den Urlaub. Warum führen derartige Kreditkäufe oft in die Schuldenfalle?

4. Heutzutage kann man in nahezu jedem Geschäft mit Kreditkarte einkaufen. Dies hat zur Folge, dass die Kunden doppelt so viel Geld ausgeben, weil sie keine Geldscheine auf den Ladentisch blättern müssen. Einige Geschäfte bieten sogar eine spezielle Kundenkarte mit Zahlfunktion an. Gekoppelt an ein Bonussystem wird der Kunde verleitet, besonders viel einzukaufen.

    a) Warum behält man bei Barzahlung den besseren Überblick über seine Finanzlage?

    b) Für Jugendliche stellt das Handy eine große Schuldenfalle dar. Wie kannst du dich hier vor bösen Überraschungen schützen?

5 Geräte sinnvoll einsetzen:
Dampfdrucktopf

Du kannst neu dazulernen,

- Einblick in die Funktionsweise des Dampfdrucktopfs zu gewinnen,
- den Dampfdrucktopf bei der Zubereitung von Speisen sachgerecht zu bedienen,
- unter welchen Bedingungen sich der Einsatz des Dampfdrucktopfs lohnt,
- typische Merkmale des Schmorens herauszustellen.

Bunte Hähnchenpfanne

4 Hähnchenschlegel **Salz** **Pfeffer** **Paprika** **Salbei** **3 EL Öl oder** **Butterschmalz**	Aufgetaute Hähnchenschlegel waschen, trocken tupfen und mit Salz, Pfeffer, Paprika und Salbei würzen. Fett im Schnellkochtopf erhitzen und die Hähnchenschlegel von allen Seiten gut anschmoren, bis sie schön gebräunt sind.
½ Zwiebel **1 Knoblauchzehe** **½ Zucchini** **½ gelbe Rübe** **½ grüne Paprikaschote** **4 Cocktailtomaten**	Zwiebel und Knoblauch fein hacken. Zucchini, Rübe und Paprika putzen, waschen und grob zerkleinern. Tomaten bleiben ganz. Alle Zutaten zum Geflügel geben, mitschmoren.
2 EL Mehl	Alles mit Mehl bestäuben, kurz durchmischen.
¼ l Brühe	Mit Brühe ablöschen. Dampfdrucktopf sachgemäß schließen. **Garzeit im Dampfdrucktopf: 25 Minuten** (je nach Größe der Hähnchenschlegel)
3 EL Schmand	Nach dem sachgemäßen Öffnen des Topfes Schmand zugeben und abschmecken.
	Dazu reichen wir Rosmarinkartoffel (s. S. 28).

Rosmarinkartoffel

500 g sehr kleine Kartoffeln	Backofen vorheizen! Kartoffel gründlich waschen und bürsten. Grüne Stellen entfernen. Kleine Kartoffeln mit Schale halbieren, größere Kartoffel vierteln.
2 EL Öl **Salz** **Rosmarin, frisch oder getrocknet**	Die Kartoffeln mit Öl, Salz und Kräutern in eine feuerfeste Form geben, durchmischen und in den Backofen schieben. Kartoffel während der Backzeit öfter wenden, bei Bedarf Öl nachgießen.

So wird der Herd eingestellt:

Einschubhöhe	mittlere Schiene		Einschubhöhe	mittlere Schiene
Temperatur	190–210 °C	**oder**	Temperatur	200–220 °C
Backzeit	ca. 25–30 Minuten		Backzeit	25–30 Minuten

So erarbeitest du dir einen Wissensvorsprung:

Bei unserem Gericht handelt es sich um ein **Schmorgericht**.

1. Beschreibe die Garungsart „Schmoren"!
2. Welches Fett verwendest du zum Schmoren?
3. Können Schmorgerichte bei einer Schonkost eingesetzt werden? Begründe!

5.1 Funktionsweise und Rentabilität des Dampfdrucktopfes

Der Dampfdrucktopf ist ein Gerät, mit dem viele Haushalte ausgestattet sind. Während manche ihn regelmäßig einsetzen und die Vorteile zu schätzen wissen, begegnen andere dem Dampfdrucktopf mit Vorbehalten.

Wie funktioniert ein Dampfdrucktopf?

Die Flüssigkeit kocht. Dampf entsteht, steigt nach oben und füllt den gesamten Garraum aus.

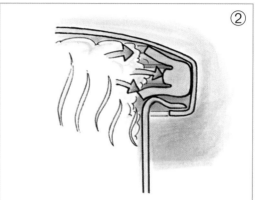

Aufgrund des Dichtungsringes kann der Dampf nicht über den Deckelrand entweichen. Weiter aufsteigender Dampf verdichtet sich und drückt den Dichtungsring in seiner Halterung auseinander. Die erforderliche Dampfentwicklung in der Ankochphase hat stets einen erhöhten Energieaufwand zur Folge.

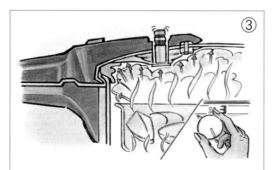

Im nun geschlossenen System bildet sich durch Hitzezufuhr weiterhin Dampf. Druck baut sich auf und schiebt den Anzeigestift nach oben. Die Garzeit beginnt mit dem Erscheinen des gewünschten Ringes:
Ring I = Schongaren
Ring II = Intensivgaren
Um einen weiteren Druckanstieg zu vermeiden, ist die Hitzezufuhr zu drosseln.

Eingebaute Sicherheit bei zu hoher Herdschaltung: Steigen Temperatur und Druck weiterhin an, lässt das Gerät überschüssigen Druck in Form von Dampf über das Ventil ab (= Überdruckventil).

29

Arbeitsaufträge:
1. Erkläre die Aufgaben von
   - Dichtungsring,
   - Ventil.
2. Dampf entweicht über das Ventil. Was hast du versäumt?
3. Das Material für Dampfdrucktöpfe muss sehr hochwertig sein. Begründe!

Wir erkennen:
Garen unter Druck erfordert ein geschlossenes System, bei dem kein Dampf mehr entweicht. Dadurch baut sich ein Überdruck im Temperaturbereich von 108 °C bis 116 °C auf.

Unter welchen Umständen rentiert sich ein Dampfdrucktopf?

Die Rentabilität eines Dampfdrucktopfs wird von verschiedenen Einflüssen bestimmt. Die relativ hohen Anschaffungskosten eines Gerätes machen sich nur bezahlt, wenn dieses auch häufig und vielseitig eingesetzt wird. Im Hinblick auf den Dampfdrucktopf heißt dies, folgende Punkte genauer unter die Lupe zu nehmen:

- **Kochgewohnheiten**
  Werden häufig „Fix- und Fertigprodukte" zubereitet oder Schnellgerichte bevorzugt, ist dafür ein Dampfdrucktopf unnötig. Dieser nimmt einem nämlich die eigentliche Kocharbeit keineswegs ab – lediglich die Garzeit ist verkürzt. Aus diesem Grund wird der Dampfdrucktopf oftmals auch als Schnellkochtopf bezeichnet.

- **Menge**
  Neben den eigenen Kochgewohnheiten spielt die Familiengröße eine entscheidende Rolle. Da stets der gesamte Garraum des Dampfdrucktopfs erhitzt werden muss, ist es sinnvoll, die vorhandene Topfgröße auch voll auszunutzen. Dieses kann bei kleineren Haushalten auch durch Kochen auf Vorrat gelöst werden. So spielt es beispielsweise keine Rolle, ob zwei oder vier Rouladen zubereitet werden. Die Garzeit ist jeweils gleich.

- **Gericht**
  Letztendlich ist es immer das Gericht an sich, an dem sich entscheidet, ob der Einsatz des Dampfdrucktopfs günstig ist. Empfindliche Speisen, bei denen es wichtig ist, exakt den Garpunkt zu treffen, werden besser im herkömmlichen Topf zubereitet. Hier lässt sich der Garfortgang mühelos überwachen.
  Bei der Herstellung von Apfelkompott kann z.B. ein kurzes Überschreiten der Garzeit bereits dazu führen, dass die Apfelstücke zu Brei zerfallen.

Arbeitsauftrag:
Bei folgenden Gerichten ist der Einsatz des Dampfdrucktopfes grundsätzlich nicht empfehlenswert. Begründe!
- Nudeln
- Fisch
- Zucchini
- Reisbrei

30

Arbeitsauftrag:
Vergleiche die Herstellung von Apfelmus und Linseneintopf im Dampfdrucktopf und normalen Topf im Hinblick auf
- ● die Fortgarzeit   ● den Energieverbrauch

Wann ist der Einsatz des Dampfdrucktopfes rentabel?

Beispiel für Gericht mit **kurzer** Garzeit:	Beispiel für Gericht mit **langer** Garzeit:
Apfelmus	**Linseneintopf**

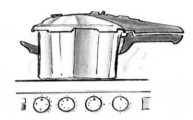

Ankochzeit	Fertigkochzeit
7 Min.	1½ Min.

Gesamtkochzeit 8½ Min.

Energieverbrauch
249 Wh

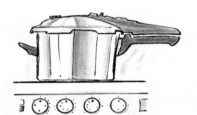

Ankochzeit	Fertigkochzeit
7 Min.	20 Min.

Gesamtkochzeit 27 Min.

Energieverbrauch
380 Wh

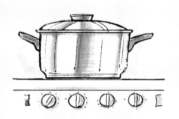

Ankochzeit	Fertigkochzeit
6 Min.	3 Min.

Gesamtkochzeit 9 Min.

Energieverbrauch
216 Wh

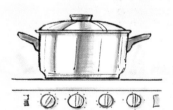

Ankochzeit	Fertigkochzeit
6 Min.	124 Min. (= ca. 2 Stunden)

Gesamtkochzeit 130 Min.

Energieverbrauch
761 Wh

Wir erkennen:
Der Dampfdrucktopf kann nur dann Energie und Zeit sparend eingesetzt werden, wenn es sich um Gerichte mit langer Garzeit handelt.

5.2 Der sachgerechte Umgang mit dem Dampfdrucktopf

1. Mindestens ¼ l Flüssigkeit in den Topf geben, damit sich genügend Dampf entwickeln kann.

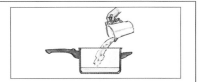

2. Prüfen, ob der Dichtungsring richtig im Deckel sitzt.

3. Deckel am Topfrand aufsetzen – Markierungen müssen übereinander stehen. Topf schließen. Gewünschte Garstufe einstellen:
   für Schongaren   Stufe I,
   für Intensivgaren   Stufe II.

4. Zum Ankochen Herdplatte auf die höchste Stufe einstellen.

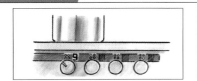

5. Wenn sich der Anzeigestift nach oben bewegt, **sofort** zurückschalten.

6. Die Garzeit beginnt bei Schongaren I, wenn der 1. Ring sichtbar ist,

bei Intensivgaren II, wenn der 2. Ring sichtbar ist.

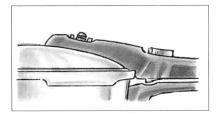

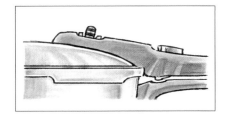

7. <u>Öffnen des Dampfdrucktopfs:</u>
   Gewaltsames Öffnen bedeutet große Gefahr! Topf unter den Wasserhahn halten und kaltes Wasser über den Deckel laufen lassen. Der Anzeigestift muss im Ventil verschwunden sein! Erst jetzt kann der Topf geöffnet werden.

Arbeitsaufträge:
1. Formuliere die wichtigsten Regeln zum Umgang mit dem Dampfdrucktopf!
2. Vergleiche die aufgeführten Punkte mit der Bedienungsanleitung eures Dampf-drucktopfes in der Schule!

Wir erkennen:
Bei einem **sachgerechten** Umgang mit dem Dampfdrucktopf kann **keine Gefahr** entstehen. Eine rechtzeitig gedrosselte Hitzezufuhr und das Öffnen des Topfes nach der Druckentlastung schließen die häufigsten Unfallquellen aus!

Bist du fit

1. Dampfdrucktöpfe werden in unterschiedlicher Ausführung im Handel angeboten. Warum ist für das Designermodell (Abb. 1) im Gegensatz zum herkömmlichen Modell (Abb. 2) beim Öffnen ein extrem hoher Kraftaufwand nötig?
   Erkundige dich ggf. bei deinem Physiklehrer!

Abb. 1

Abb. 2

2. Welche der angegebenen Speisen kann nur ein Küchenprofi mit viel Erfahrung im Dampfdrucktopf zubereiten? Begründe!

   ● Apfelkompott   ● Zucchinicremesuppe
   ● Apfelmus   ● Zucchinicurry S. 7

3. Warum ist es sinnvoll, das Ventil einer regelmäßigen Wartung zu unterziehen und den Dichtungsring regelmäßig zu erneuern?

6 Gesundheitsgefahren durch Lebensmittel: Lebensmittelverderb durch Schimmelpilze

Du kannst neu dazulernen,

- einen Einblick in die Entstehung von Schimmelpilzen zu gewinnen und die damit verbundenen Gefahren zu erkennen,
- dem Schimmelbefall von Lebensmitteln vorzubeugen und sachgerecht mit befallenen Lebensmitteln umzugehen,
- Speisen durch Stauben zu binden.

Französische Zwiebelsuppe

3–4 mittelgroße Zwiebeln 50 g Butter	Zwiebeln in Halbringe schneiden. Butter in einem Topf zerlassen, Zwiebeln kräftig anschwitzen, bis sie etwas goldgelb werden.
etwas Salz 1 Msp. Kümmel 1 EL Mehl ¾ l Brühe Pfeffer	Zwiebelmasse mit Salz und Kümmel würzen, mit dem Mehl bestäuben. Anschließend mit Brühe aufgießen, mit Pfeffer würzen. Zugedeckt bei mittlerer Hitze 20 Min. kochen. Garzeit im Dampfdrucktopf: 5 Min.
2–3 Spritzer Tabasco Petersilie	Suppe mit Tabasco abschmecken, in Suppentassen füllen und mit den überbackenen Toastecken belegen.

Toastecken

4 Toastecken 50 g Emmentaler, gerieben	Toastscheiben vierteln, auf ein vorbereitetes Backblech legen und mit dem Käse bestreuen. Kurz überbacken.

Einschubhöhe	2, Rost		Einschubhöhe	3, Rost
Temperatur	200 °C	**oder**	Temperatur	180 – 200 °C, vorgeheizt
Backzeit	5 Minuten		Backzeit	5 Minuten

Als eines der ältesten europäischen Würzmittel ist Kümmel heute ganz oder gemahlen im Handel erhältlich. Kümmel entfaltet erst durch längeres Mitgaren sein typisches leicht herbes Aroma. Bei der Verwendung ist Vorsicht geboten – eine Überdosierung verursacht einen bitteren Geschmack. Insgesamt gilt Kümmel als magen- und darmanregend und macht somit schwere Speisen, z.B. Kohlgerichte, Schweinebraten und deftige Kartoffelspeisen, bekömmlicher.

Grundsätzlich ist beim Kauf von Zwiebeln darauf zu achten, dass sie unbeschädigt und trocken sind sowie frei von Austrieben. Werden Zwiebeln in Netzen gekauft, muss der Inhalt sorgfältig geprüft werden. Eine verdorbene Zwiebel steckt innerhalb kurzer Zeit die umgebende Ware an. Zwiebeln lassen sich kühl und dunkel längere Zeit lagern. Zwiebeltöpfe müssen Löcher haben, die für die nötige Durchlüftung sorgen.

Grundsätzlich sollten Zwiebeln nur mit dem Messer geschnitten werden. Werden zum Zerkleinern der Zwiebel andere Geräte verwendet, entfaltet die Zwiebel Bitterstoffe. Dies passiert ebenfalls, wenn geschnittene Zwiebeln bis zur Zubereitung länger aufbewahrt werden.

So erarbeitest du dir einen Wissensvorsprung:

1. Betrachte das Foto der Zwiebelsuppe! Durch welche Besonderheit zeichnet sich die französische Zwiebelsuppe aus?
2. Fasse die Arbeitsschritte des Rezeptes stichpunktartig zusammen!
3. Erkläre den Fachbegriff „stauben" mit eigenen Worten. Informiere dich dazu auf S. 169!
4. Lebensmittel verderben durch Schimmelpilze.
   a) Inwieweit betrifft dies Lebensmittel des heutigen Gerichts?
   b) Wie kommt es überhaupt zur Schimmelbildung auf Lebensmitteln? Vermute!

Im Jahre 1960 verendeten auf einer Hühnerfarm in England aus zunächst unerklärlichen Gründen 100.000 Truthühner. Nachforschungen ergaben, dass die Tiere mit verschimmeltem Erdnussmehl gefüttert wurden. Bei der Untersuchung des Futters entdeckte man einen Pilz, der Giftstoffe produzierte. Aus den Anfangsbuchstaben des Schimmelpilzes **A**spergillus **fla**vus entstand der Name des Giftes: **Afla**toxin (toxin = Gift).

6.1 Umgang mit verschimmelten Lebensmitteln

Schimmelpilze vermehren sich durch Sporen, die über die Luft auf das Lebensmittel gelangen. Äußerlich sichtbar wird dies an dem sich bildenden Schimmelrasen.

Gefährlich ist, genau genommen, nicht der Schimmelrasen auf dem Lebensmittel – gefährlich ist der Giftstoff Aflatoxin, den einige Schimmelpilze produzieren. Mit bloßem Auge nicht wahrnehmbar, breitet sich dieses Gift im gesamten Lebensmittel aus (vgl. Abb.).

Aflatoxine zählen zu den stärksten Krebsgiften, die man bislang in der Natur entdeckt hat.

unsichtbare Schimmelfäden

sichtbarer Schimmelrasen

„Regel Nr. 1": Verschimmelte Lebensmittel gehören grundsätzlich in den Abfalleimer. Es ist keinesfalls ausreichend, nur den sichtbaren Schimmelbefall zu entfernen, da die Schimmelfäden das gesamte Lebensmittel durchziehen. Die Gefahr dieser Schimmelfäden besteht darin, dass sie weder durch Sehen, Riechen oder Schmecken erkannt werden können. Auch durch Erhitzen befallener Lebensmittel verliert der Giftstoff nicht an Wirksamkeit.

Durch Schimmel aufgenommene Giftstoffe werden vom Körper nicht ausgeschieden, sondern reichern sich in der Leber an. Das Verfüttern verschimmelter Lebensmittel an Tiere ist als unverantwortlich zu bewerten, da auch im Tier diese Anreicherungsprozesse stattfinden. Außerdem kann ein derartiges Verhalten aufgrund der Nahrungskette zum Bumerang werden. Bei einigen Lebensmitteln ist der Schimmel gewollt. Extra gezüchtete Schimmelkulturen werden gezielt bei der Herstellung von Käse und Rohwurstwaren eingesetzt, um das Produkt geschmacklich aufzuwerten. Von derartigen Schimmelkulturen geht keinerlei gesundheitliche Gefährdung aus.

Arbeitsaufträge:
1. a) Was genau macht verschimmelte Lebensmittel gefährlich?
   b) Wie muss mit verschimmelten Lebensmitteln umgegangen werden?
2. Beurteile folgende Situation:
   Frau Sparsam bemerkt beim Öffnen einer Toastbrotpackung, dass die erste Scheibe leicht angeschimmelt ist. Vorsichtshalber wirft sie die zwei folgenden Scheiben noch mit in den Abfalleimer. Den Rest verwendet sie zur Zubereitung von Hawaii-Toast.
3. Warum lehnen es verantwortungsbewusste Landwirte ab, angeschimmeltes Brot an Hühner zu verfüttern?

6.2 Schutz vor Schimmelbefall

Um Lebensmittel wirksam vor Schimmelbefall zu schützen, ist es wichtig, etwas über dessen Entstehung zu wissen.

Die Sporen der Schimmelpilze befinden sich ständig in der Luft. Auf diese Weise gelangen sie auf das Lebensmittel. Der Giftpilz vermehrt sich vorzugsweise bei Wärme und hoher Luftfeuchtigkeit, das heißt vor allem im Sommer bei schwülem Wetter. Gefährdet sind zudem Lebensmittel, die unter diesen Bedingungen offen gelagert werden. Besonders anfällig für Schimmelbefall sind Nüsse, Brot, Gemüse und Obst.

Zwar lässt sich die Schimmelbildung nie hundertprozentig ausschließen – jedoch kann vorgebeugt werden: Es ist empfehlenswert, bevorzugt befallene Lebensmittel nur in überschaubaren Mengen einzukaufen. Sie sollten kühl und trocken gelagert werden.

Arbeitsaufträge:
1. Wärme und hohe Luftfeuchtigkeit begünstigen die Entstehung von Schimmel. In diesem Fall kann durch sachgerechte Lagerung vorgebeugt werden. Erläutere!
2. Herr Achtsam lagert in den Sommermonaten Toastbrot im Kühlschrank. Begründe diese Vorsichtsmaßnahme!

Wir erkennen:
Schimmelbefall kann nicht grundsätzlich vermieden werden. Er lässt sich jedoch durch sorgfältigen Einkauf und sachgerechte Lagerung eingrenzen!
Einmal aufgenommene Schimmelgifte reichern sich im Körper an. Das Krebsrisiko steigt.

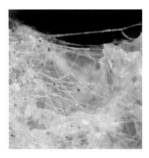

Schimmel

Wer mehr wissen will:

Schadstoffbelastung in Lebensmitteln

Radioaktive Stoffe

Durch Störfälle in Kernkraftwerken wird die Umwelt mit radioaktiven Substanzen belastet.

Strontium: wird wie Calcium in die Knochen eingelagert. Dadurch entsteht im Körper sozusagen eine innere Strahlungsquelle. Dies hemmt das Wachstum und die Knochenentwicklung. Zudem steigt das Risiko einer Leukämieerkrankung.

Cäsium: wird in der Muskulatur gespeichert.

Jod: wird in der Schilddrüse gespeichert.

<u>Zum Nachdenken:</u>

Es gibt Länder, in denen Lebensmittel zur Haltbarmachung radioaktiv bestrahlt werden!

Cadmium

Cadmium gelangt aus den Abgasen von Kernkraftwerken und Metallhütten sowie aus dem Klärschlamm, der zur Düngung verwendet wurde, über den Boden in die Pflanzen und so zum Menschen.

So warnte das Bundesgesundheitsministerium schon wiederholt vor zu häufigem Genuss von Nieren- und Wildpilzgerichten, weil sie zu viel Cadmium enthalten.

Cadmium ist giftig. Bei Calciummangel wird Cadmium in die Knochen eingelagert. Dieses Cadmium bewirkt, dass den Knochen die Mineralstoffe entzogen werden.

Anzeichen dafür sind: Zahnausfall, Rippenschmerzen, Schmerzen der Wirbelsäule, Schrumpfung des Skeletts bis zu 30 cm; daneben treten Nierenbeschwerden auf, die zum Tode führen können.

Arbeitsauftrag:

Überlegt, wie ihr euch im Umgang mit gefährdeten Lebensmitteln vor Schadstoffbelastung schützen könnt! Informationen hierzu gibt es in den Heften vom aid infodienst Verbraucherschutz, Ernährung und Landwirtschaft, bei Verbraucherzentralen oder unter www.bzga.de

1. Der Mensch steht immer am Schluss der Nahrungskette und ist damit auch Giftdeponie. Erläutere!

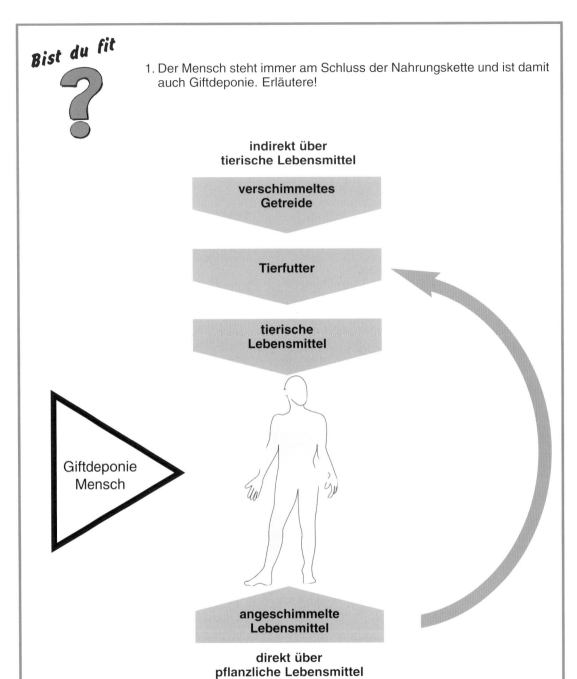

**indirekt über
tierische Lebensmittel**

**verschimmeltes
Getreide**

Tierfutter

**tierische
Lebensmittel**

Giftdeponie
Mensch

**angeschimmelte
Lebensmittel**

**direkt über
pflanzliche Lebensmittel**

2. Beurteile die Langzeitwirkung von Rückständen in Lebensmitteln aus Düngung und Pflanzenschutzmitteln, Bestrahlung, Schwermetallen … für die Gesundheit des Menschen!

7 Gesundheitsgefahren durch Lebensmittel: Natürliche Gifte in Lebensmitteln

Du kannst neu dazulernen,

- durch sachgerechte Vor- und Zubereitung von Kartoffeln Gesundheits-gefährdungen durch natürliche Giftstoffe auszuschließen,
- Kartoffelrösti durch Ausbacken in der Pfanne herzustellen,
- Feldsalat sachgerecht zu verarbeiten.

Pikante Kartoffelrösti

Zutaten	Zubereitung
2 mittelgroße Kartoffeln 1 Scheibe durchwachsener Speck 1 Ei 1 EL Grieß ½ TL Majoran 1 Pr. Salz	Kartoffeln schälen und in eine Schüssel raspeln. Speck in feine Würfel schneiden, mit den restlichen Zutaten in die Schüssel geben. Kartoffelmasse gut vermengen.
4 EL Öl	Pfanne trocken erhitzen. Öl zugeben. Mit einem Löffel vier gleich große Portionen in das heiße Fett geben. Rösti von beiden Seiten bei mäßiger Hitze goldgelb braten.
4 Scheiben Butterkäse	Auf jedes Rösti eine Scheibe Butterkäse legen. Pfanne zudecken, Käse bei Restwärme schmelzen lassen.
1 Tomate	Tomate waschen, Blütenansatz entfernen, in Achtel schneiden. Kartoffelrösti mit Tomaten-achteln und Feldsalat auf Tellern anrichten.

Feldsalat wuchs ursprünglich in wilder Form am Acker- oder Wiesenrand. Heute wird er großflächig im Freiland oder unter Glas angebaut. Da Feld-salat sehr kältebeständig ist, wird er hauptsächlich im Spätherbst und über die Wintermonate angeboten.

Die daumengroßen, dunkelgrünen Blätter sind büschelartig zusammen-gewachsen und im Kühlschrank gut lagerfähig. Aufgrund seines leicht nus-sigen Aromas wird Feldsalat mancherorts auch Nüsslisalat genannt.

Feldsalat

1 Hand voll Feldsalat	Feldsalat verlesen und den Wurzel<u>ansatz</u> entfernen. Dabei dürfen die Blätter nicht auseinander fallen. Feldsalat gründlich unter kaltem, fließendem Wasser waschen, da er häufig sehr sandig ist.
<u>Marinade:</u> **1 EL Öl**	Öl zuerst unter den Salat mengen.
½ Zwiebel, sehr fein gewürfelt **1 Knoblauchzehe, gepresst** **1 EL Essig** **2 EL Wasser** **Salz, Pfeffer, Zucker**	Zutaten mischen. Salat kurz vor dem Verzehr marinieren.

So erarbeitest du dir einen Wissensvorsprung:

1. Dieses Gericht eignet sich gut als Abendessen. Erläutere!
2. Welchen Zweck erfüllt das Ei in der Röstimasse?
3. Der Käse auf dem Kartoffelrösti wird bei Restwärme geschmolzen. Was bedeutet dies in Bezug auf die Herdschaltung?
4. a) Informiere dich auf S. 170 über die sachgerechte Verarbeitung von Feldsalat!
   b) Was versteht man unter „verlesen"? Lies dazu S. 168!
5. Bei Einführung der Kartoffelpflanze durch Friedrich den Großen im 18. Jahrhundert starben einige Menschen nach dem Genuss dieser Früchte. Lies dazu nachfolgenden Text!
6. Warum ist der Verzehr von Kartoffeln für uns heute weitgehend ungefährlich? Vermute!

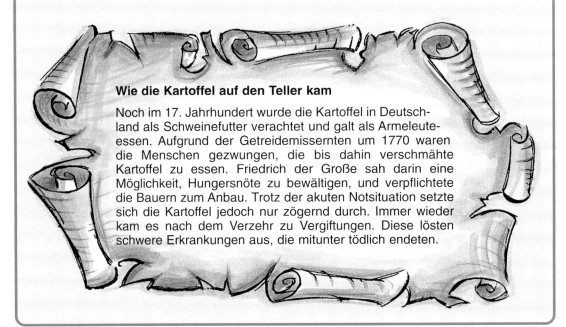

Wie die Kartoffel auf den Teller kam

Noch im 17. Jahrhundert wurde die Kartoffel in Deutschland als Schweinefutter verachtet und galt als Armeleuteessen. Aufgrund der Getreidemissernten um 1770 waren die Menschen gezwungen, die bis dahin verschmähte Kartoffel zu essen. Friedrich der Große sah darin eine Möglichkeit, Hungersnöte zu bewältigen, und verpflichtete die Bauern zum Anbau. Trotz der akuten Notsituation setzte sich die Kartoffel jedoch nur zögernd durch. Immer wieder kam es nach dem Verzehr zu Vergiftungen. Diese lösten schwere Erkrankungen aus, die mitunter tödlich endeten.

7.1 Solanin – natürlicher Giftstoff

Die Kartoffel, wie wir sie heute kennen, stammt ursprünglich von einer Wildpflanze ab. Ihre natürlichen Feinde, wie Insekten und Wildtiere, konnten ihr nicht schaden, da ihr ein Pflanzengift – das Solanin – Schutz bot. Auch beim Menschen zeigte der Giftstoff seine tödliche Wirkung. Durch Züchtung geeigneter Kartoffelsorten wurde der Giftstoffgehalt verringert. In grünen Stellen und Keimansätzen ist Solanin nach wie vor konzentriert vorhanden. Da Solanin hitzestabil ist, wird es auch durch Kochen nicht zerstört. Ein Zuviel an Solanin kann zu Vergiftungserscheinungen wie z.B. Verdauungsstörungen, Bauchschmerzen und Krämpfen führen. Wie die Kartoffeln zählen auch Tomaten zu den Nachtschattengewächsen. Tomaten enthalten ebenfalls Solanin, wenngleich in abgeschwächter Form.

Arbeitsaufträge:
1. Warum spricht man bei Solanin von einem natürlichen Giftstoff?
2. Was macht Solanin bei der Nahrungszubereitung problematisch?

7.2 Sachgerechter Umgang mit natürlichen Giftstoffen

Da der Giftstoff Solanin durch Kochen nicht unwirksam wird, ist es notwendig, mit Kartoffeln und Tomaten sachgerecht umzugehen.

Solanin ist nicht gleichmäßig in der Kartoffel verteilt, sondern reichert sich in grünen Stellen und Keimansätzen der Kartoffel an. Diese müssen vor der Zubereitung entfernt werden.

Werden Kartoffeln in optimalem Reifezustand geerntet, so ist der Solaningehalt von vornherein gering. Mit zunehmender Lagerdauer wird jedoch erneut Solanin gebildet. Die Schale – einst Abwehrorgan der Pflanze – sammelt den Giftstoff. Durch Licht und Zimmertemperatur bilden sich erneut grüne Stellen und Keimansätze, worin vermehrt Solanin enthalten ist. Daher ist es ratsam, Kartoffeln kühl und dunkel zu lagern. Der Kühlschrank eignet sich nur bedingt als Lagerort, denn bereits bei Temperaturen unter 3 °C verändert sich die Kartoffelstärke. Sie wird in Zucker umgewandelt – die Kartoffel schmeckt unangenehm süßlich.

Weisen Kartoffeln beim Einkauf grüne Stellen auf, so ist dies ein Zeichen falscher Lagerung. Kartoffeln dieser Qualität sollten im Regal gelassen werden.

Tomaten enthalten eine erhöhte Dosis Solanin, solange die Frucht grün ist. Mit zunehmender Reife baut sich der Giftstoff ab. Spuren davon bleiben im grünen Blütenansatz. Dieser sollte daher bei der Zubereitung entfernt werden.

Eine ausgereifte Frucht hat neben dem geringen Solaningehalt mehr Aroma. Ihr volles Aroma entwickelt eine Tomate nur, wenn sie am Strauch ausreift. Reif gepflückte Früchte erkennt man an der tiefroten Farbe. Auf Druck müssen diese leicht nachgeben. Eine derart qualitativ hochwertige Ware würde lange Transportwege nicht unbeschadet überstehen. Um ein „Matschigwerden" zu verhindern, erntet man deshalb Tomaten in der sogenannten Pflückreife. Die formstabileren grünlich roten Früchte sollte der Kunde zu Hause nachreifen lassen. Eine Lagerung im Kühlschrank beeinträchtigt die Nachreife. Kälte schadet dem Aroma von Tomaten sehr.

Arbeitsaufträge:
1. Was beachtest du bei Einkauf, Lagerung und Zubereitung von Kartoffeln?
2. Begründe die Notwendigkeit, den Blütenansatz der Tomate vor dem Verzehr zu entfernen!
3. Warum hat für einen Feinschmecker die Solaninproblematik bei Tomaten keine Bcdcutung?

Wer mehr wissen will:

Phasin – Gift in Bohnen

Bereits fünf bis sechs grüne Bohnen – sie enthalten den Giftstoff Phasin – können zu akuten Vergiftungen mit schwerer Darmentzündung und Kreislaufversagen führen. Dass wir uns Bohnen trotzdem schmecken lassen dürfen, liegt daran, dass das giftige Phasin nach einer Kochzeit von etwa 10 Minuten zerstört wird. Diese Garzeit sollte bei grünen Bohnen daher nicht unterschritten werden.

Wir erkennen:
Sachgerechte Verarbeitung und Lagerung der Lebensmittel kann eine gesundheitsgefährdende Aufnahme natürlicher Gifte verhindern.

Bist du fit

Eine Spezialität, Tomaten-Relish, wird immer beliebter. Bewerte das Rezept anhand folgender Zutaten!

Tomaten-Relish

1,5 kg grüne Tomaten, 500 g Zwiebeln, 2 EL Salz, 375 ml Essig, 350 g Zucker, 1 EL Mehl, 3 EL Senf, ½ EL Curry, 1 TL Cayennepfeffer, 1 TL Curcuma, 1 TL Thymian.

8 Gesundheitsgefahren durch Lebensmittel: Salmonellen

Du kannst neu dazulernen,

- welche gesundheitliche Gefährdung von Salmonellen ausgehen kann,
- durch sachgerechte Verarbeitung gefährdeter Lebensmittel eine Infektion mit Salmonellen zu verhindern,
- bei der Zubereitung eines Geflügelgerichtes Grundsätze zur Vermeidung einer Salmonelleninfektion anzuwenden.

Gourmet-Salat

Vorbereiten des Salates:

½ Kopf Eisbergsalat	Gewaschene Salatblätter in fingerbreite Streifen schneiden.
½ Kopf Radicchio	Gurke schälen, hobeln.
½ Gurke	Karotte schälen, raspeln.
1 Karotte	Mais mit dem Gemüse in eine große Schüssel geben.
3 EL Mais	

Herstellen der Marinade:

2 Pfirsichhälften (Dose), 4 EL Pfirsichsaft (Dose), 2 EL Sonnenblumenöl, 4 EL Essig, ½ TL Salz, ¼ TL Pfeffer	Alle Zutaten in einen Rührbecher geben, pürieren.

Vorbereiten und Anbraten des Hähnchenfilets:

2 Hähnchenbrustfilets, aufgetaut Salz, Pfeffer Öl zum Anbraten	Hähnchenbrustfilet auspacken, langsam im Kühlschrank auftauen. Auftauwasser wegschütten. Hähnchenbrustfilet gründlich waschen und mit Salz und Pfeffer würzen. Hähnchenbrustfilet in heißem Öl von beiden Seiten braten. Zwischenzeitlich Hände, Arbeitsgeräte und Spüle gründlich mit heißem Spülmittelwasser reinigen! Spüllappen und Geschirrtücher zum Waschen geben. Gebratene Filets in Streifen schneiden. Dabei kontrollieren, ob das Geflügel durchgegart ist.

Anrichten des Salates:	Salat marinieren, auf Tellern anrichten. Gebratene Filetstreifen auf dem Salat verteilen. Dazu passt Toast oder Baguette.

Radicchio zählt zu den Wintersalaten. Typisches Merkmal ist neben seiner weinroten Farbe der herbe bis leicht bittere Geschmack. Daher wird Radicchio meist in Kombination mit Früchten oder anderen Salaten zubereitet. Der Salat ist frisch, wenn der Kopf fest und knackig ist. Bei zu lange gelagertem Radicchio werden die äußeren welken Blätter häufig durch den Händler entfernt. Kleine Köpfe sind daher stets ein Anzeichen mangelnder Frische.

So erarbeitest du dir einen Wissensvorsprung:

1. a) Wie kommt es zu der Bezeichnung Gourmet-Salat?
   b) Warum kann der Gourmet-Salat als vollständige Mahlzeit betrachtet werden?
2. Informiere dich über Besonderheiten bei der Zubereitung des Gourmet-Salates in Bezug auf Radicchio und Marinade!
3. Zum Vorbereiten und Anbraten der Hähnchenbrustfilets ist im Rezept einiges unterstrichen. Warum ist dies so wichtig?
4. Solche oder ähnliche Schlagzeilen liest man von Zeit zu Zeit in der Presse. Ursache für solche Erkrankungen sind Salmonelleninfektionen.

   a) Welche Lebensmittel sind hauptsächlich betroffen?
   b) Wodurch könnte dies vermieden werden?

NORDERSTE...
Entspann...
nu...

50 Menschen an Speiseeis erkrankt.

preiswerteren Wohnungen stei- matisch ab und wächst infolge
gen weiterhin. Nur in den teure- der allgemein schlechten Wirt-

Rohe Eier in Nachspeise forderten zwei Todesopfer — schwere Salmonellenvergiftung in Altenheim.

...verbr...
...Entwicklu...
niger ins Gewich...
der Mieterverein Norders...
„Mietentspannungen
nur im oberen ...
teilt die ...
mi...

Großfirmen starten Rückrufaktion: In Heringssalat verwendete Mayonnaise salmonellenhaltig.

in ...krankten.

...stedt, meinte
Mie... ...ut.
... Anfrage

...it Septe...
Auseinanderdriften ...
wicklung zu beobachten. ...
...ringsrate etwa der
...Wohn-

...h. „Tatsächlich findet ein ver-
schärfter Wettbewerb im Seg-
ment der preiswerten Woh-
nungen mit der Folge statt, daß
diese einen überproportionalen
...enschub erfahren", schreibt
...und dazu.

Mangelnde Hyg... Großküchen – Gäs...

Hähnchenbrustfilet wurde bei Hochzeitsfeier zum Verhängnis!

...enblicklich auf dem
...ungsmarkt Mieten vor.
zwanzig Mark und darüber pro
Quadratmeter nicht mehr durch-
gesetzt werden können, berührt
das Familien mit geringeren Ein-
kommen kaum. Denn, so stellte
es der ...
Holstein f...
Zahlen des statistischen Landes-
amts auswertet, die Mieten der

deutlich übe...
bauwohnungen mittleren ...
werts und öffentlich geförderte
Neubauwohnungen hingegen haben gegenüber dem Vorjahr nur
...Gleichzeitig schmelzen die Be-
stände an Sozialwohnungen dra-

...vereins Nor...
...es und donnerstag...
...tags und mitt-
...
Geschä...ler Straße 117 statt. Telef... ist
der Verein unter der Nummer
...hen. Für
...von Lei-
stungen des Vereins ist eine Mit-
gliedschaft erforderlich.

Bei Abschlussfete entwickelte sich Nudelsalat zur Gesundheitsfalle.

8.1 Salmonellen: kleine Ursache – große Wirkung

Lebensmittel können über das Tierfutter oder über unsaubere Verarbeitung mit Salmonellen infiziert werden. Ein von Salmonellen befallenes Lebensmittel verändert sich äußerlich nicht. So können die Bakterien auch nicht am Aussehen oder Geruch des jeweiligen Lebensmittels erkannt werden, wie dies z. B. beim Schimmelpilz der Fall ist.

Umgebungseinflüsse wie Wärme, genügend Feuchtigkeit und vor allem eiweißreiche Nährböden bieten ideale Lebensbedingungen für Salmonellen. Diese Bakterien können durch Erhitzen über 70 °C abgetötet werden – im Kühl- oder Gefrierschrank ist ihre Lebensaktivität eingestellt, jedoch nicht beseitigt. Deshalb beginnt die Vermehrung der Mikroben auch beim Auftauen und führt bei Zimmertemperatur (20–22 °C) zur explosionsartigen Entwicklung.

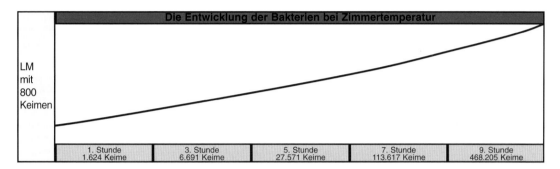

Die Entwicklung der Bakterien bei Zimmertemperatur

LM mit 800 Keimen

| 1. Stunde 1.624 Keime | 3. Stunde 6.691 Keime | 5. Stunde 27.571 Keime | 7. Stunde 113.617 Keime | 9. Stunde 468.205 Keime |

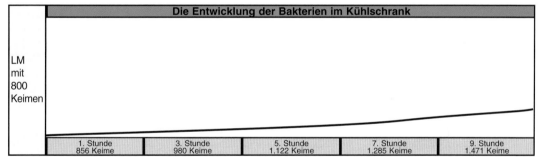

Die Entwicklung der Bakterien im Kühlschrank

LM mit 800 Keimen

| 1. Stunde 856 Keime | 3. Stunde 980 Keime | 5. Stunde 1.122 Keime | 7. Stunde 1.285 Keime | 9. Stunde 1.471 Keime |

Ein hohes Maß an Hygiene während der Verarbeitung verhindert eine Übertragung der Bakterien auf andere Lebensmittel. Besonders häufig infiziert mit Salmonellen sind Geflügel und Eier. Speisen, die rohe Eier enthalten, wie z. B. Mayonnaise, Eiscremes und Desserts, gehören somit ebenfalls zur Risikogruppe unter den Lebensmitteln.

75 % aller Lebensmittelvergiftungen werden durch Salmonellen verursacht. Die Erkrankung – eine Salmonellose – zeigt sich beim Menschen 6 bis 48 Stunden nach dem Verzehr der befallenen Lebensmittel. Sie geht einher mit Erbrechen, Fieber und schweren Durchfällen. Die Erkrankung ist beim Gesundheitsamt meldepflichtig, um eine Ausbreitung zu verhindern. Es kann sogar notwendig sein, dass Erkrankte unter Quarantäne gestellt werden.

Arbeitsaufträge:
1. Stelle heraus, unter welchen Bedingungen sich die Bakterien (Salmonellen) gut vermehren können!
2. Wie wirkt sich die Lagerung von Lebensmitteln im Kühlschrank bezüglich der Bakterienanzahl aus?
3. Wodurch kann die Vermehrung und Übertragung der Salmonellen gestoppt werden?

8.2 Sachgerechter Umgang mit gefährdeten Lebensmitteln

Eier sind nicht selten Träger von Salmonellen. Um die Vermehrung der Bakterien einzudämmen, empfiehlt sich zur Sicherheit die Lagerung im Kühlschrank. Mit zunehmender Lagerdauer steigt die Bakterienanzahl infizierter Eier in bedenklichem Maße an. Sind Eier älter als drei Wochen, sollten sie nur für Speisen verwendet werden, bei deren Zubereitung ein Durcherhitzen gewährleistet ist, z. B. zum Backen, für Aufläufe und Gratins. Entsprechende Verbraucherhinweise sind als Packungsaufschrift gesetzlich vorgeschrieben.

Rohe Eier (bzw. Trockeneierzeugnisse) sind z. B. Zutat in Mayonnaisen, Dressings, Fertigsalaten, Eiscremes und Desserts. Durch entsprechende Vorsichtsmaßnahmen seitens der Industrie geht von diesen Produkten zunächst keine Gefahr aus. Salmonelleninfektionen werden meist erst durch den unsachgemäßen Umgang mit diesen Produkten ausgelöst. Grillsoßen, Dressings und Salate, bei denen Mayonnaise Verwendung findet, sind äußerst beliebt bei Partys.
Beim kalten Buffet angeboten, stehen sie einige Stunden bei Zimmertemperatur zum Verzehr bereit – für Salmonellen optimale Bedingungen, sich in gesundheitsgefährdendem Ausmaß zu vermehren. Aus diesem Grund ist es auch nicht ratsam, Salate mit Mayonnaise bereits am Vortag vorzubereiten. Ebenso wenig sollen Reste am darauf folgenden Tag nochmals verzehrt werden.

Arbeitsaufträge:
1. Lies obigen Text genau! Stelle Regeln zum sachgerechten Umgang mit den jeweiligen Lebensmitteln auf!
2. Begründe die Notwendigkeit dieser ausführlichen Information auf Eierschachteln!

Verbraucherhinweis:		
– bei Kühlschranktemperatur aufbewahren – nach Ablauf des Mindesthaltbarkeitsdatums durcherhitzen.		
verpackt am	vom	bei +5°C bis 8°C zu kühlen
31.07.	16.08.	an
Mindestens haltbar bis 28.08.	Größe M	Preis

Die größte Gefahr einer Salmonelleninfektion besteht bei der Verarbeitung von Geflügel. Dieses kauft der Verbraucher meist in tiefgefrorenem Zustand. Zum Auftauen sollten Hähnchen oder Hähnchenschlegel aus der Verpackung genommen und in eine Edelstahlschüssel bzw. auf einen Porzellanteller gelegt werden. Wichtig ist auch, das Lebensmittel langsam und bei niedrigen Temperaturen aufzutauen. Die Auftauflüssigkeit stellt einen hervorragenden Nährboden für Salmonellen dar und sollte deshalb niemals zum Garen mitverwendet werden.

Vor der Zubereitung wird das Fleisch gründlich gewaschen. Geflügel muss unbedingt durchgegart werden. Dies ist dadurch überprüfbar, dass sich das Fleisch leicht von den Knochen lösen lässt. Nur so hat man die Sicherheit, dass im gesamten Lebensmittel eine Temperatur von mindestens 75 bis 80 °C erreicht wurde. In Gaststätten oder an Imbissbuden sollte Geflügel, das nicht durchgegart ist, zurückgegeben werden.

Ebenso wichtig wie die sachgerechte Zubereitung des Geflügels ist persönliche Hygiene und Hygiene am Arbeitsplatz. Alles, was mit dem rohen Hähnchen in Berührung kam, muss gründlich gereinigt werden. Durch Geschirrtücher, Arbeitsgeräte, aber auch über nicht gewaschene Hände können Salmonellen auf andere Lebensmittel übertragen werden.

Arbeitsaufträge:
1. Was ist beim
   - Auftauen,
   - Vorbereiten,
   - Garen von Geflügel zu beachten?
2. Hygiene spielt zur Vermeidung einer Salmonelleninfektion eine entscheidende Rolle. Erläutere!

Wer mehr wissen will:

Dosenbombage und aufgegangene Einmachgläser sind Warnhinweise für enthaltene Giftstoffe. Dieses Gift wird von Bakterien (Clostridium botulinum) produziert, die unter Luftabschluss leben. Die dabei entstehenden Gase können nicht entweichen und verursachen Deckelwölbungen bei Dosen und das Aufgehen von Einmachgläsern. Der Giftstoff kann durch Kochen nicht zerstört werden und ist bereits in geringen Mengen tödlich!

Durch den Transport eingedrückte und verformte Dosen sind ebenfalls eine Gefahr für den Verbraucher. Der Inhalt muss nicht zwangsläufig verdorben sein. Eine eventuelle Giftentwicklung ist von außen jedoch nicht auf Anhieb erkennbar. Zum Schutz des Verbrauchers sollten beschädigte Dosen nicht gekauft werden.

Wir erkennen:
Durch sachgerechte Verarbeitung gefährdeter Lebensmittel lassen sich Salmonellen nicht hundertprozentig ausschließen. Jedoch kann ihre Zahl auf ein niedriges Maß gesenkt werden, von dem keine gesundheitliche Gefährdung mehr ausgeht.

Bist du fit

?

1. Beurteile folgende Situationen:

● Frau Schulz ist zur Geburtstagsparty einer Arbeitskollegin eingeladen. Anstelle eines Geschenks bringt sie den Nachtisch für das Geburtstagsmenü mit: Tiramisu nach original italienischem Rezept mit Mascarpone und Eigelb. Die Fahrt im warmen Auto übersteht das Dessert ganz gut. Dennoch bittet Frau Schulz ihre Freundin, das Tiramisu gleich in den Kühlschrank zu stellen, damit es bis zum Verzehr wieder angenehm frisch schmeckt.

● Peter bereitet zum Abendessen Pommes mit Brathähnchen zu. Da er nicht viel Zeit hat, beschließt er, das Hähnchen in der Mikrowelle aufzutauen. Dazu gibt es gleich in eine Auflaufform, in der das Hähnchen später auch gegart werden kann – so lässt sich Geschirr sparen. Vorsichtshalber stellt Peter das Gerät schon gleich etwas höher ein. Nach einiger Zeit prüft er an den Randschichten, ob das Fleisch schon aufgetaut ist. Sogleich würzt er das Hähnchen und gibt es in die Backröhre.

● Für das Schulfest im Juli überlegen die Schüler, was sie an Getränken und Snacks anbieten können. Eine Gruppe beschließt, Sandwiches herzustellen – diese sind sehr beliebt und außerdem schnell zuzubereiten. Die Füllung wird mit Mayo abgeschmeckt, das Sandwich hübsch garniert. Der Verkauf läuft prima. Die am Schluss noch übrig gebliebenen Sandwiches verzehren die Schüler am nächsten Tag in der Pause.

2. Lebensmittelskandale tauchen immer wieder in den aktuellen Tageszeitungen auf.
   a) Erstellt dazu eine Infowand in der Schulküche!
   b) Sprecht in eurer HsB-Gruppe darüber, welche Bedeutung solche Vorkommnisse für euch persönlich haben!

9 Hunger, Essen & Co

Du kannst neu dazulernen,

- welche Bedürfnisse des Menschen mit dem Besuch eines Fastfood-Restaurants abgedeckt werden,
- warum Fastfood-Restaurants insbesondere bei jungen Leuten so beliebt sind,
- welche Merkmale und Vorteile die Formen schnellen Essens kennzeichnen,
- zu erkennen, dass Fastfood in bestimmten Situationen notwendig ist,
- dass Fastfood als zwischenzeitliche Sättigung in unserem Lebensalltag eine wichtige Funktion erfüllt.

Formen schnellen Essens

Arbeitsaufträge:
Betrachte obige Fotos!
1. Was spricht für die Formen schnellen Essens?
2. Wie kommt es eigentlich zu dem Begriff „Fastfood"?

9.1 Fastfood-Restaurants und ihre Beliebtheit

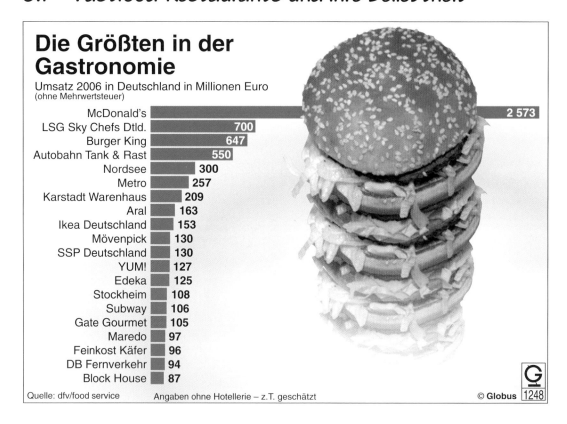

Die Größten in der Gastronomie

Umsatz 2006 in Deutschland in Millionen Euro
(ohne Mehrwertsteuer)

McDonald's	2 573
LSG Sky Chefs Dtld.	700
Burger King	647
Autobahn Tank & Rast	550
Nordsee	300
Metro	257
Karstadt Warenhaus	209
Aral	163
Ikea Deutschland	153
Mövenpick	130
SSP Deutschland	130
YUM!	127
Edeka	125
Stockheim	108
Subway	106
Gate Gourmet	105
Maredo	97
Feinkost Käfer	96
DB Fernverkehr	94
Block House	87

Quelle: dfv/food service · Angaben ohne Hotellerie – z.T. geschätzt · © Globus 1248

Arbeitsauftrag:
Warum sind Fastfood-Restaurants derart beliebt? Vermute!

Was macht der Hamburger mit uns?

Viele Jugendliche und nicht wenige Erwachsene überkommt angesichts eines Hamburger-Restaurants regelmäßig Heißhunger. Offenbar kann der Hamburger nur gierig mit den Fingern gegessen werden, aber nicht mit „Etikette", d.h. mit Messer und Gabel. Das hat zwei Vorteile: Erstens können die Gäste kein Besteck klauen und zweitens muss es niemand mehr abspülen. Der Rest klingt wie aus einem Psychologie-lehrbuch:

Wir greifen es mit den Händen und beißen in etwas Weiches, beinahe Körperwarmes. Der ideale Hamburger ist nicht heiß wie ein Mittagessen, sondern warm wie Muttermilch und als Erinnerung ans Säuglingsalter weich wie Babykost. Das umhüllende Brötchen, mit Verlaub die „Softroll", ist nicht knusprig rösch, sondern „flauschig" und anschmiegsam.

Das Abbeißen sollte den Kunden möglichst wenig fordern, außer dass er seinen Mund aufsperren muss. Hackfleisch und Gurkenscheibchen bieten nur einen leichten Widerstand, der schnell erfolgreich „geschafft" wird. Das Hack schmeckt eher unaufdringlich, im Kaugefühl etwas gummig, bröckelig. Umso wichtiger ist der Fettgehalt. Je mehr Fett, desto angenehmer Mundauskleidung und Mundgefühl.

Entscheidend ist die Rolle der Gurke. Knackig muss sie sein, damit der Kunde auch hört, was er kaut. Für das richtige Gefühl auf der Zunge wird sie vorher mit den erforderlichen Geschmackszutaten, wie Salz und Säure, imprägniert. Der ideale Salzgehalt beträgt mindestens 2,2 %, ihr Durchmesser liegt zwischen 3 und 5 cm, die Scheibenstärke wird tunlichst auf exakt 3 mm eingestellt. Sonst stimmt das Mundgefühl beim Reinbeißen nicht.

Um nicht die ideale Soße zu vergessen: Zur Steigerung des Genusses bedarf es eines süßsauren Ketchups, das regt unsere Speicheldrüsen an. Damit er nicht ins Brötchen suppt, toastet man die Schnittflächen an. Dadurch steigt dem Esser ein milder, leicht süßlicher Röst- und Bratgeruch in die Nase.

Wozu der ganze Aufwand? Er zielt auf unseren Speichelfluss. Hinter dem unscheinbaren Wort verbirgt sich der Schlüssel zum Verständnis unseres Appetits. Wenn uns das Wasser im Mund zusammenläuft, müssen wir einfach weiteressen. Deshalb fühlen sich viele nach einer solchen Mahlzeit nicht richtig satt.

Die Steuerung unseres Speichels kann jeder nachprüfen.
Hierzu folgender Versuch:

1. Kaue eine Softroll pur!
   - Beschreibe die Veränderung des Brötchens im Mund!
   - Wie wirkt sich dies auf den Speichelfluss aus?

2. Iss 1 TL Ketchup!
   - Was stellst du hinsichtlich des Speichelflusses fest?

Von Natur aus ist unser Körper an Grundnahrungsmittel, wie z. B. Brot, Äpfel, Kartoffeln und Fleisch, gewöhnt. Zur Verdauung dieser Nahrung wird stets die benötigte Menge Speichel hergestellt.
Bestimmte Substanzen sind in der Lage, den Körper zu übermäßiger Speichelbildung zu veranlassen. Diese Tatsache nutzt die Lebensmittelindustrie gekonnt für ihre Zwecke. Beim Hamburger geht die Rechnung voll auf: mehr Speichel bilden als verbrauchen! Der Kunde greift unbewusst zum nächsten Burger. (nach Pollmer „Prost Mahlzeit" S. 188 f.)

Fastfood-Restaurants bieten ein begrenztes Angebot. Langwieriges Suchen in Speisekarten entfällt. Fotos von der jeweiligen Speise schaffen zusätzlich eine Vorstellung. Außerdem kann ohne viel Worte zügig bestellt werden. Der Kunde hat das Gefühl, die Situation sicher zu beherrschen. Dies vermittelt **Souveränität** (= Herr der Lage sein).

Die Speisen sind grundsätzlich so gemacht, dass Essen mit Besteck lächerlich wirkt. Wie in glücklichen Kindertagen wird mit den Fingern getunkt, gestopft, gemampft. Essen wie ein kleines Kind – das vermittelt **Wohlbefinden.**

Bekannt, vertraut und doch immer wieder neu. Und das rund um den Erdball. Mc Happy ist allgegenwärtig. An Litfaßsäulen und Plakatwänden werden wir im Vorübergehen an die Firmenbögen erinnert. Werbespots rund um die Uhr wecken das Bedürfnis nach Zugehörigkeit. Mc Happy vermittelt **Gemeinschaft.**

Die flächendeckende Ausbreitung der Fastfood-Restaurants hat zur Folge, dass Mc Happy in nahezu jeder kleineren Stadt vertreten ist. Hamburger und Co. sind somit immer und überall zu haben. Selbst im Ausland erlebt man Mc Happy vertraut. Gleiche Einrichtung, gleiches Speisenangebot, gleicher Service. All dies ist der Kunde gewohnt, er fühlt sich daheim. Diese Vertrautheit vermittelt **Geborgenheit.**

In Fastfood-Restaurants gibt es keine Benimmregeln bei Tisch. Es darf hemmungslos „gelümmelt, gesabbert und gesudelt" werden – ohne Folgen. Niemand kritisiert, weist zurecht, tadelt. Schlechtes Benehmen ist salonfähig. Dies vermittelt **Freiheit pur** – ohne Konsequenzen.

Speisen werden in Fastfood-Restaurants lediglich verzehrsfertig zubereitet. Die Herstellung erfolgt in einer Foodfabrik nach immer gleich bleibender Rezeptur. Durch die strengen Vorgaben der Fastfoodkette sind geschmackliche Abweichungen ausgeschlossen. Der sich nie verändernde Geschmack der Gerichte stellt für den Kunden somit kein Risiko dar. Jeder weiß, was ihn erwartet. Essen nach Norm – vermittelt **Sicherheit.**

Interessant an Fastfood-Restaurants ist die Möglichkeit der Speisenzusammenstellung. Sind Burger und Nuggets an sich schon ungewöhnlich, so darf zusätzlich nach Lust und Laune kombiniert werden. Essen wie im Land der unbegrenzten Möglichkeiten vermittelt Freiheit und **Individualität** (= Einzigartigkeit).

Modern, attraktiv und sauber – so präsentiert sich ein Fastfood-Restaurant. Wird gekleckert, kann dies schnell behoben werden. Kunststofftabletts, Resopal- und Granittische sowie geflieste Fußböden vermitteln den Eindruck, dass ein Fleck nicht schadet. Pflegeleichte Einrichtung ist kein Zufall – Hygiene vermittelt **Sicherheit.**

Fastfood-Restaurants beeindrucken durch die geschickte Kombination von Holz, modernem Polster, Grünpflanzen und Edelstahl. Die Wirkung ist überzeugend: wohnlich, hygienisch und edel zugleich. Dieser Eindruck wird noch verstärkt durch die fest stehenden Bänke und Tische. Lediglich die wenigen Stühle lockern die fest gefügten Sitzgruppen auf. Dies vermittelt das Gefühl gleich bleibender, **harmonischer Ordnung.**

Das Personal einer Fastfoodkette fällt durch die firmeneigene Uniform auf. Diese verleiht Autorität. Auf Anhieb wird deutlich, wer zur „Crew" gehört. Der schlichte Schnitt der Kleidung wirkt seriös, Häubchen und Streifen geben dem Ganzen einen hygienischen Anstrich. All dies ist vertrauenserweckend und vermittelt dem Kunden **Sicherheit.**

Fastfood-Restaurants – Erlebnis-Restaurants. Die Kunden machen zunehmend Gebrauch von den angebotenen Sonderaktionen. Sparmenüs schonen den Geldbeutel, besondere Überraschungen gibt es für die Kleinen. Essen, wo was los ist – dies vermittelt **Abwechslung, Spaß und Leben.**

Allein zu essen, ohne sich einsam zu fühlen – Mc Happy macht's möglich! Die Sitzgruppen bilden abgeschlossene Einheiten, die durch halbhohe Zwischenabtrennungen unterteilt sind. Es entstehen Nischen, größere und kleinere Einheiten. Jeder Tisch bildet für sich eine kleine Insel. Hier ist man nicht den Blicken aller ausgesetzt und trotzdem mitten im Geschehen. All dies vermittelt **Geborgenheit.**

9.2 Essen ist mehr als satt werden

Du kannst neu dazulernen,

- dass gemeinsame Mahlzeiten wichtige Begegnungspunkte zwischen Menschen darstellen und die Gemeinschaft fördern,
- dass schön angerichtete Speisen Ausdruck der Wertschätzung gegenüber der Tischgemeinschaft sind,
- mit einfachen Mitteln ein abwechslungsreiches und interessantes Essen für eine größere Anzahl von Personen herzustellen,
- „Dippen" als eine besondere Form des Essens kennen zu lernen und als gemeinschaftsfördernd zu erleben.

Finger-Food zum Dippen

Dieses Essen eignet sich besonders gut für eine größere Personenzahl, da es aus mehreren Einzelbestandteilen zusammengestellt wird. In der Mitte des Tisches befinden sich Hackfleischröllchen, Weißbrot, Gemüsestreifen verschiedener Art sowie unterschiedliche Dips. Jeder Teilnehmer nimmt sich von den gewünschten Dips etwas auf seinen Teller. Nach Belieben werden die Gemüsesticks, Hackfleischröllchen oder Weißbrot eingetunkt. Eine weitere Besonderheit dieses Essens ist, dass auf Besteck verzichtet wird.

Hackfleischröllchen

375 g Rinderhackfleisch	375 g Rinderhackfleisch	375 g Rinderhackfleisch
1 Ei	1 Ei	1 Ei
2 EL Semmelbrösel	2 EL Semmelbrösel	2 EL Semmelbrösel
3 EL Milch	3 EL Milch	3 EL Milch
$\frac{1}{2}$ TL Salz	$\frac{1}{2}$ TL Salz	$\frac{1}{2}$ TL Salz
etwas Pfeffer	etwas Pfeffer	etwas Pfeffer
$\frac{1}{2}$ TL Basilikum	1 TL Thymian	1 EL mittelscharfer Senf
2 gestr. EL Curry	1 TL Paprika, edelsüß	1 EL Meerrettich
	1 EL Tomatenmark	$\frac{1}{2}$ TL Basilikum
		$\frac{1}{2}$ TL Oregano

Alle Zutaten jeweils in eine Rührschüssel geben. Masse mit den Knethaken des Rührgerätes zu einem glatten Fleischteig kneten. 5 cm lange und daumendicke Röllchen formen. Die Röllchen werden gleichmäßiger, wenn sie auf einem nassen Holzbrett geformt werden. Röllchen auf ein vorbereitetes Backblech geben – in der Röhre braten.

Einschubhöhe	2, Rost			Einschubhöhe	2, Rost
Temperatur	200 °C	**oder**		Temperatur	220 °C, vorgeheizt
Backzeit	20 – 25 Minuten			Backzeit	20 – 25 Minuten

Gemüsesticks

Gemüse nach Wahl
Rettich, Gurke, Kohlrabi, Zucchini, Paprika, Karotte, Stangensellerie

Gemüse je nach Art vorbereiten. In gleichmäßige Streifen von $\frac{1}{2}$ cm Breite schneiden.

Dipsoßen

Grundsoße
150 g Crème fraîche
Saft einer halben Zitrone
1 Becher Joghurt
2 EL Magerquark
$\frac{1}{2}$ TL Salz
1 gestr. TL Zucker
etwas Pfeffer

Alle Zutaten in eine Rührschüssel geben, mit dem Schneebesen glatt rühren.
Nebenstehend genannte Dips haben diese Soße als Grundlage und erhalten ihre typische Geschmacksrichtung durch die jeweiligen Zutaten. Fertige Dips in Schälchen füllen.

Geschmacksrichtungen:

Gurken-Dip: $\frac{1}{2}$ Salatgurke, geschält, geraspelt
1 EL frische Minze, fein gehackt
1 Knoblauchzehe, gepresst

Curry-Dip: 1 säuerlicher Apfel, geschält, fein gerieben
1 EL Curry

Manhattan-Dip: 3 EL Tomatenketchup
einige Spritzer Tabasco
1 EL Honig

Weißbrot

2–3 Baguettes   Brot in Scheiben schneiden, in Brotkörbchen verteilen.

So erarbeitest du dir einen Wissensvorsprung:

1. Finger-Food zum Dippen. Stelle Besonderheiten dieses Essens heraus!
2. Servietten sind bei diesem Essen besonders wichtig. Begründe!
3. Informiere dich auf den Seiten 170–173 über die sachgerechte Vorbereitung der jeweiligen Gemüsesorten!

Essen je nach Lebenslage

Essen hat ganz **unterschiedliche Gesichter.**
Vorrangig gilt es jedoch, zunächst einmal **satt zu werden.** Wer kennt ihn nicht – den „Kohldampf" außer Haus. In den Arbeitspausen oder während eines gemütlichen Einkaufs-bummels macht er sich urplötzlich in der Magengegend bemerkbar. Jetzt muss etwas zu essen her – und zwar schnell. Hier spielt das Fastfoodangebot eine entscheidende Rolle.
Essen verfolgt jedoch auch den Zweck, die **Gemeinschaft zu fördern.** In der Regel essen Familienmitglieder miteinander. Bei Fondues und Grillpartys liegt der Schwerpunkt deutlich auf der Geselligkeit. Die Nahrungsaufnahme läuft nebenbei ab. Im Vordergrund stehen die Unterhaltung und das Gespräch mit Freunden und Familienmitgliedern.
Essen hat aber auch **gesellschaftliche Bedeutung.** Alle besonderen Ereignisse im Leben eines Menschen werden durch ein Essen begangen – angefangen von der Taufe, über die Hochzeit bis hin zum Tod. Nicht selten bestimmen Tradition sowie festgelegte Gewohnheiten Art und Ablauf des Essens. Die angebotenen Speisen fallen häufig durch ihre besondere Präsentation auf. Durch das Essen kann man auch zeigen, wer man ist und was man hat. Bei großen Staatsempfängen ist dies beispielsweise der Fall.

Arbeitsauftrag:
Lies den Text genau!
Warum werden die Schwerpunkte beim Essen unterschiedlich gesetzt?

Wir erkennen:
Essen ist stets Ausdruck der momentanen Stimmung, aber auch der gesamten Lebenseinstellung des Menschen. Der Mensch ist, was er isst!

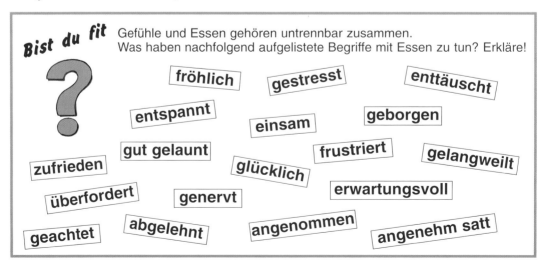

56

ver-
stehen
lernen,
dass Men-
schen auf
Hilfe und Zu-
wendung ange-
wiesen sind,
Betreuungs- und
Pflegemaßnahmen
durchführen, versu-
chen, anderen Gebor-
genheit und Sicherheit
zu geben, Hemmungen
überwinden, Vorbehalte ab-
bauen, persönliche Eignung
für soziale Berufe prüfen, eigene Erwartungen bewusst machen, für andere einstehen, Hilfe
anbieten, lernen, mit Konflikten umzugehen, gemeinsam arbeiten, Äuße-
rungen anderer aufnehmen und beachten, eigene Bedürfnisse gegenüber den
Bedürfnissen anderer abwägen, das Strei-

Logo,
oder?

Streiten lernen, Stärken und Schwächen des

Kinder brauchen Erziehung, Führung, Begleitung

Du kannst neu dazulernen,

- dass Kinder Fürsorge und Erziehung brauchen,
- Merkmale von Erziehung herauszustellen,
- Konfliktsituationen zu hinterfragen und über Lösungsmöglichkeiten zu diskutieren,
- dass Betreuung von Kleinkindern Wissen über Unfallvermeidung sowie gezielte Betreuung erfordert.

Kinder

Sind so kleine Hände,   winzige Finger dran.
Darf man nie drauf schlagen
die zerbrechen dann.

Sind so kleine Füße   mit so kleinen Zehn.
Darf man nie drauf treten,
könn' sie sonst nicht gehn.

Sind so kleine Ohren,   scharf, und ihr erlaubt.
Darf man nie zerbrüllen,
werden davon taub.

Sind so schöne Münder,   sprechen alles aus.
Darf man nie verbieten,
kommt sonst nichts mehr raus.

Sind so klare Augen,   die noch alles sehn.
Darf man nie verbinden,
könn' sie nichts verstehn.

Sind so kleine Seelen,   offen und ganz frei.
Darf man niemals quälen,
gehn kaputt dabei.

Ist so'n kleines Rückgrat,   sieht man fast noch nicht.
Darf man niemals beugen,
weil es sonst zerbricht.

Grade, klare Menschen   wär'n ein schönes Ziel.
Leute ohne Rückgrat
hab'n wir schon zu viel.

(Bettina Wegner)

Arbeitsauftrag:
1. Lies obigen Liedtext und betrachte die abgebildeten Kinderhände!
   Versuche, deine Empfindungen zu beschreiben!
2. Welche Absicht verfolgt die Liedermacherin Bettina Wegner mit diesem Text?

Kinder – ein Geschenk!?

Kinder sind ...

süß
niedlich
fröhlich
spontan
unkompliziert
unvoreingenommen
gutgläubig
unschuldig
hilflos
schutzbedürftig
einzigartig
lieb

unangenehm
häufig krank
teuer
fordernd
egoistisch
ungehorsam
lästig
nervig
quengelig
laut
aufdringlich
unausstehlich

Das Geschenk

Ein viel beschäftigtes Ehepaar hastet kurz vor dem Kindergeburtstag in ein Spielwaren-
geschäft, um für die kleine Tochter ein Geschenk zu kaufen. Sie sind bereit, viel Geld
dafür auszugeben, und erklären der Verkäuferin: „Wir sind den ganzen Tag beruflich von
zu Hause weg. Wir suchen etwas, was die Kleine erfreut, sie lange beschäftigt und ihr
das Gefühl des Alleinseins nimmt." „Tut mir Leid", sagt die Verkäuferin und lächelt freundlich: „Eltern gibt es bei uns nicht zu kaufen."

Was Kinder von Erziehern erwarten

Nehmt euch Zeit für mich, weil ich euch brauche. Nehmt euch aber auch Zeit für euch, denn ich will nicht immerzu etwas von euch. Aber wenn ich euch brauche, wünsche ich mir eure ganze Aufmerksamkeit. Und ich will mir kein schlechtes Gewissen machen müssen, wenn ich euch „ganz" will.

Seid aufrichtig und ehrlich zu mir. Seid ihr selbst – verstellt euch nicht. Ich verkrafte eine Ablehnung meiner Wünsche, wenn ich weiß, dass ihr mich gern habt. Ich will verstehen und lernen, Rücksicht zu nehmen. Schließlich bin ich nicht allein auf der Welt. Warum sollte ich nicht mit euch anfangen, Rücksicht nehmen einzuüben?

Nehmt mich ganz ernst, auch wenn ich noch klein bin. Es ist mir wichtig zu spüren, ob ihr traurig oder glücklich, zufrieden oder ärgerlich, fit oder k.o. seid. Es wird mir zwar nicht leicht fallen, wenn ihr in dieser Situation nicht auf mich eingehen könnt. Damit kann ich aber besser leben als mit dem Gefühl, dass ihr mir etwas vormacht.

Setzt feste Regeln für unser Zusammenleben. Zu wissen, was ich darf und was nicht, gibt mir Sicherheit. Innerhalb dieser Grenzen kann ich ausprobieren, Erfahrungen machen und daraus lernen. Auf diese Weise lerne ich sowohl euren als auch den Lebensraum anderer Menschen zu respektieren. Lasst mich neue Regeln mitfinden. Lasst uns über Ausnahmen sprechen.

Helft mir, mich eigenständig auch im Wollen zu entwickeln. Ich möchte mich behaupten können, wenn mir etwas wichtig ist. Stellt euer Wollen dem meinen gegenüber. Euer Widerstand fordert mich zur Entscheidung heraus. Dies gibt mir die Möglichkeit, stark zu werden.

Erzieht mich, indem ihr mit mir lebt. Ich brauche euer Vorbild. Ihr seid aber auch dafür verantwortlich, was ich von euch abschaue und übernehme. Ihr müsst nicht perfekt sein, sollt mir aber vorleben, Fehler einzugestehen. Warum sollen wir nicht voneinander lernen?

Habt Vertrauen in meine Entwicklungsfähigkeit und lasst mir Entscheidungsfreiräume. Habt Geduld, wenn ich Fehler mache. Ermutigt mich, groß zu werden und vieles selbst auszuprobieren und meinen Standort und meinen Weg zu finden. Lasst mich zu dem werden, wozu ich in der Lage bin. Wenn ihr Entscheidungen für mich treffen müsst, überlegt euch, ob ich sie später auch bejahen kann.

Lehrt mich, diese Welt zu achten und zu lieben. Lasst mich erleben, wie wir sie miteinander schützen. Lasst uns auch die kleinen Dinge pflegen und uns daran freuen. Lehrt mich, die Menschen zu lieben, wie sie sind. Lehrt mich, das, was für mich wichtig ist, auch für andere zu wollen. Ich will mich dafür einsetzen können.

Wir erkennen:
Gut erzogen sein muss eigentlich heißen:

● Selbstständigkeit, Urteilsvermögen und innere Unabhängigkeit erlangt zu haben,
● Fähigkeit, Beziehungen und Bindungen einzugehen und einer Gemeinschaft anzugehören.

Arbeitsaufträge:
Lies nebenstehende Texte sehr aufmerksam.

1. Finde zu den jeweiligen Textaussagen Beispiele!
2. Ordne die folgenden Stichpunkte den jeweiligen Textaussagen zu:

Zeit haben | selbstständig werden | positive Lebenseinstellung
Grenzen setzen | Mut machen | gegenseitige Rücksichtnahme
Vorbild sein | eigene Meinung entwickeln | nicht nur immer an mich denken | Fehler eingestehen
Geduld haben | Zuwendung | Fürsorge | ehrlich sein
persönliche Fähigkeiten erkennen und fördern | für mein Handeln verantwortlich sein

Wer mehr wissen will:

Ich verstehe mich mit meinem Vater nicht mehr

Zu Mark Twain kam einmal ein 17-Jähriger und erklärte: „Ich verstehe mich mit meinem Vater nicht mehr. Jeden Tag Streit. Er ist so rückständig, hat keinen Sinn für moderne Ideen. Was soll ich machen? Ich laufe aus dem Haus."
Mark Twain antwortete: „Junger Freund, ich kann Sie gut verstehen. Als ich 17 Jahre alt war, war mein Vater genauso ungebildet.
Es war kein Aushalten. Aber haben Sie Geduld mit so alten Leuten. Sie entwickeln sich langsamer. Nach 10 Jahren, als ich 27 war, da hatte er so viel dazugelernt, dass man sich schon ganz vernünftig mit ihm unterhalten konnte. Und was soll ich Ihnen sagen? Heute, wo ich 37 bin – ob Sie es glauben oder nicht – wenn ich keinen Rat weiß, dann frage ich meinen alten Vater. So können die sich ändern!"

Wenn Erziehung schwierig wird

Arbeitsaufträge:

Bei den dargestellten Situationen handelt es sich um mögliche Erziehungs- oder Betreuungskonflikte.

1. a) Beschreibe das Verhalten der beteiligten Personen!
   b) Warum kommt es jeweils zur Auseinandersetzung?
2. Wie würdest du als Betreuungs- oder Erziehungsperson in der entsprechenden Situation handeln?
   Der Text auf S. 60 „Was Kinder von Erziehern erwarten" kann dir eine Hilfe sein.

Kinderunfällen vorbeugen

Neugierde und Entdeckungslust kennzeichnen das Kleinkind. Arglos erkunden sie ihre Umgebung. Sie greifen nach allem, was erreichbar ist, und stecken es, wenn möglich, auch in den Mund. Damit verbundene Gefahren sind einem Kind dieser Altersstufe nicht bewusst. Als Betreuungsperson ist man dafür verantwortlich, mögliche Gefahrenquellen bereits im Vorfeld auszuschalten.

Stürze

z. B. vom Wickeltisch, aus dem Kinderwagen, die Treppe hinab
- Kinder niemals unbeaufsichtigt lassen!
- Im Kinderwagen anschnallen!
- Treppen durch Schutzgitter sichern!

Vergiftungen

z. B. durch Reinigungsmittel, Medikamente, Alkohol
- Nicht herumstehen lassen!
- Beim Einkauf auf „kindersicheren" Verschluss achten!
- Für Kinder unzugänglich aufbewahren!
- Keinesfalls Chemikalien u. Ä. in Getränkeflaschen umfüllen!

Ersticken

z. B. durch Plastiktüten, durch Kleinteile, wie z. B. herumliegende Verschlüsse, Münzen, Nadeln
- Kindern niemals Plastiktüten zum Spielen geben!
- Darauf achten, dass keine Kleinteile herumliegen, die vom Kind verschluckt werden könnten!

Verbrennungen

z. B. durch zu heiße Getränke und Speisen, Herdplatten, Pfannen und Töpfe
- Getränke und Speisen auf die richtige Temperatur hin überprüfen!
- Wenn möglich, nur die hinteren Herdplatten benutzen!
- Heiße Töpfe und Pfannen nicht unbeaufsichtigt herumstehen lassen!
- Pfannenstiele nach innen drehen!

Sonnenschäden

z. B. durch Sonnenbrand, Hitzschlag, Sonnenstich, Ozon
- Säuglinge und Kleinkinder nicht der direkten Sonneneinstrahlung aussetzen!
- Im Schatten aufhalten!
- Kinder durch Kleidung und Kopfbedeckung vor Sonneneinwirkung schützen!
- Bei erhöhten Ozonwerten – vor allem über die Mittagsstunden – nicht im Freien aufhalten!

Anregungen zur Gestaltung der Betreuungssituation, z. B. durch Spielen

Spielen ist für das Kleinkind aus vielen Gründen wichtig:

- Es erprobt dabei alle Sinne und übt Fingerfertigkeit und Geschicklichkeit.
- Das Kind erweitert beim Spiel mit anderen Kindern und Erwachsenen seinen Wortschatz. Zudem spricht es sich spielend von der Seele, was es freudig oder traurig stimmt.
- Im Spiel entfalten sich Gemüt, Empfinden und Fantasie. Der Umgang mit Mitmenschen wird beispielsweise am Teddy spielerisch erlernt.
- Indem das Kind verschiedene Rollen durchspielt, z. B. Eltern-Kind-Spiele, Arztspiele ..., bereitet es sich auf die Erwachsenenwelt vor.
- Im Spiel kann das Kind überschüssige Kraft sowie Aggressionen abreagieren. Ungestört spielen zu dürfen macht Kinder ausgeglichener.

Es gibt Unmengen an Spielzeug, das in Spielwarenabteilungen und Spielwarengeschäften sowie auf Spielzeugmessen angeboten wird. Den Herstellern geht es dabei selten um die sinnvolle und fördernde Beschäftigung des Kindes. Vielmehr stehen Absatzzahlen und hohe Gewinnspannen im Vordergrund. Dass Kinder von der Bandbreite an Spielwaren überfordert sind und an hoch technisiertem Spielzeug schnell das Interesse verlieren, zeigt sich unter anderem an folgendem Beispiel: Eltern, die ihren Zwei- bis Dreijährigen Autos mit Fernsteuerung, sprechende oder weinende Puppen kaufen, können beobachten, dass ihre Kinder mit Karton und Einwickelpapier besser und ausdauernder spielen als mit dem Inhalt.

Es sind einfache Dinge, die Kinder faszinieren: Tücher, Steine, Stöckchen, Kastanien ... Demzufolge gehören auch Spiele mit geringem oder gar keinem Materialaufwand häufig zu den „Lieblingsspielen" der Kinder, z. B. Verstecken, Fangen ...

Bei der Betreuung von Kindern ist zu beachten:

- Betreuungspersonen stärken Lebensfreude und Selbstvertrauen des kleinen Kindes, wenn sie einfühlsam mit ihm spielen – nicht bevormundend, aber auch nicht gelangweilt oder gezwungenermaßen.
- Sie sollten sich über Gewohnheiten des Kindes informieren.
- Nicht hektisch auf ein Kind zugehen. Das irritiert das Kind und kann es ängstlich machen.
- Mit dem Kind freundlich und ermunternd sprechen.
- Ängstlich weinende Kinder durch Ortswechsel, Ablenkung versuchen zu beruhigen.

Fingerspiele

Nachfolgend wird eine Möglichkeit aufgezeigt, wie man Kinder ab dem Säuglingsalter mit so genannten Fingerspielen beschäftigen und fördern kann. Dabei ist zu beachten: Je jünger das Kind, desto einfacher ist der gesprochene Text. Das Spiel beschränkt sich nicht nur auf den Einsatz der Finger, vielmehr wird der gesamte Körper mit einbezogen. Beim älteren Kind sind Fingerspiele anspruchsvoller und erfordern mehr Beteiligung seitens des Kindes.

Fingerspiele sind in idealer Weise geeignet, den Bezug zwischen Betreuungsperson und Kind zu vertiefen und zu festigen. Durch die entspannt-fröhliche Atmosphäre fühlt sich das Kind wohl, Nähe und Körperkontakt vermitteln Geborgenheit und Vertrauen.

Klingelingeling

„Da kommt das Mäuschen und will ins Häuschen,
macht klingelingeling, guten Tag!"

*Man krabbelt mit zwei Fingern am Arm des Kindes hoch,
klingelt zupfenderweise am Ohrläppchen. Beim „Guten
Tag" wird die Hand geschüttelt.*

Der mit den Pflaumen

Das ist der Daumen,
der schüttelt die Pflaumen,
der sammelt sie auf,
der trägt sie nach Haus
– und der Kleine, der isst sie alle, alle auf.

*Zuerst auf den Daumen zeigen, dann mit jeder
Zeile auf einen weiteren Finger zeigen.*

Himpelchen und Pimpelchen

Himpelchen und Pimpelchen
stiegen auf einen Berg.
Himpelchen war ein Heinzelmann
und Pimpelchen ein Zwerg.
Sie blieben lange da oben sitzen
und wackelten mit den Zipfelmützen.

Doch nach vielen, vielen Wochen
sind sie in den Berg gekrochen,
dort schlafen sie in guter Ruh!
Seid mal still und hört ihnen zu!

Krr-
krr-
krr-!

*Die Fäuste ballen, linken und rechten Daumen
aufstellen. Abwechselnd die linke und rechte
Faust nach oben bewegen (sie steigen auf den
Berg). Fäuste an den Wangen anlegen
(Himpelchen und Pimpelchen sitzen auf dem
Berg). Daumen in die Fäuste ziehen und
Geräusche des Schlafens nachahmen.*

Längsweis – kreuzweis

Längsweis,
kreuzweis,
Tupfefinger,
Ellenbogen,
Nase gezogen.
Und einen großen Patsch!

Man streicht zunächst längs über die Handinnenflächen des Kindes, dann quer, berührt jede einzelne Fingerkuppe, Ellenbogen, Nase und gibt abschließend einen leichten Klaps auf den Hintern.

Es tröpfelt

Es tröpfelt –
es regnet –
es gießt –
es hagelt –
es blitzt –
es donnert – !
Alle Leute laufen schnell nach Haus!

Mit den Zeigefingern leise auf die Tischplatte „tröpfeln", mit zehn Fingern „regnen", lauter werdend „gießen", mit den Knöcheln „hageln". Beim Blitz zucken beide Hände durch die Luft, beim Donner schlagen beide Hände fest auf den Tisch – zum Schluss verschwinden sie schnell hinter dem Rücken.

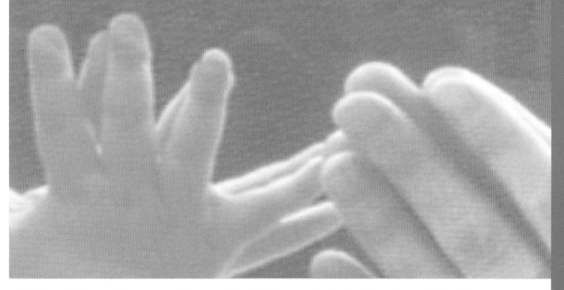

Weitere Informationen „rund ums Kind" können bei der Bundeszentrale für gesundheitliche Aufklärung kostenlos angefordert werden. Als Hilfe dazu kann der Briefentwurf auf S. 86 genutzt werden.

Betreuung von Kindern
Für Kinder da sein

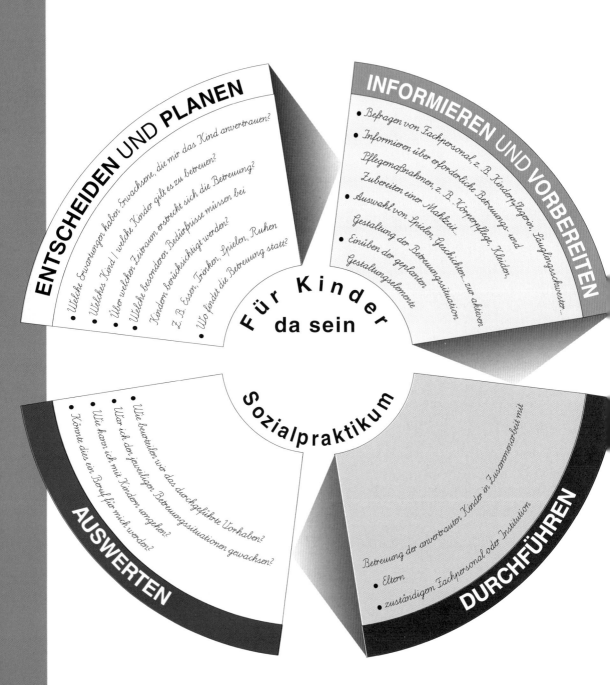

ENTSCHEIDEN UND PLANEN

- Welche Erwartungen haben Erwachsene, die mir das Kind anvertrauen?
- Welches Kind / welche Kinder gilt es zu betreuen?
- Über welchen Zeitraum erstreckt sich die Betreuung?
- Welche besonderen Bedürfnisse müssen bei Kindern berücksichtigt werden?
  z. B. Essen, Trinken, Spielen, Ruhen
- Wo findet die Betreuung statt?

INFORMIEREN UND VORBEREITEN

- Befragen von Fachpersonal, z. B. Kinderpflegerin, Säuglingsschwester...
- Informieren über erforderliche Betreuungs- und Pflegemaßnahmen, z. B. Körperpflege, Kleider, Zubereiten einer Mahlzeit...
- Auswahl von Spielen, Geschichten... zur aktiven Gestaltung der Betreuungssituation
- Einüben der geplanten Gestaltungselemente

Für Kinder da sein

Sozialpraktikum

AUSWERTEN

- Wie beurteilen wir das durchgeführte Vorhaben?
- War ich den jeweiligen Betreuungssituationen gewachsen?
- Wie kann ich mit Kindern umgehen?
- Könnte dies ein Beruf für mich werden?

DURCHFÜHREN

- Betreuung der anvertrauten Kinder in Zusammenarbeit mit
  - Eltern
  - zuständigem Fachpersonal oder Institution

Hilfsbedürftigen Menschen begegnen

Du kannst neu dazulernen,

- Menschen wahrzunehmen, die Hilfe brauchen,
- die Bedeutung und Notwendigkeit professioneller Hilfe zu erkennen,
- über einen längeren Zeitraum Erfahrungen mit hilfsbedürftigen Menschen zu machen,
- deine Neigungen und Fähigkeiten für Berufe im sozialen Bereich realistisch einzuschätzen.

Edvard Munch: „Der Schrei"

Help!

I need somebody!

Help!

Not just anybody!

Help!

You know I need someone!

Help!

(Lennon & Mc Cartney)

Arbeitsauftrag:
Menschen brauchen Hilfe:
Wer?
In welchen Situationen?
Warum?

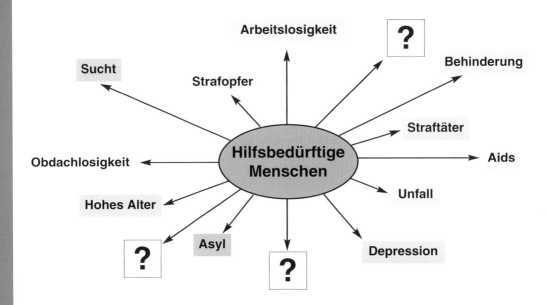

Arbeitslosigkeit

?

Behinderung

Sucht

Strafopfer

Straftäter

Hilfsbedürftige Menschen

Aids

Obdachlosigkeit

Unfall

Hohes Alter

?

Asyl

?

Depression

Arbeitsaufträge:
Menschen brauchen Hilfe:

immer ⟨ oder ⟩ eine Zeit lang

1. Ordne die oben genannten Situationen zu! Begründe deine Zuordnung!
2. Was ist nötig, um Menschen angemessen helfen zu können?

Helfen ist Ehrensache

In unserer Nachbarschaft wohnt eine ältere allein stehende Frau. Letztes Jahr im Winter hat sie sich das Handgelenk gebrochen. Mein Bruder und ich haben dann abwechselnd die Einkäufe erledigt.
Eigentlich sind alte Leute gar nicht so schrullig, wie man denkt. Seit der Sache mit dem Handgelenk bin ich öfter bei ihr drüben und helfe bei Kleinigkeiten.

Als bekannt wurde, dass Tom aus unserer Clique Aids hat, wollte ihn keiner mehr um sich haben. Zuerst hatte ich genauso wie die anderen Angst, dass er mich ansteckt. Als es ihm aber immer schlechter ging, konnte ich es nicht mehr mit ansehen. Da hab ich ihn einfach gefragt, ob er Lust hätte, mit ins Kino zu gehen. Er hat sich total darüber gefreut, und seitdem sind wir oft zusammen. Nach und nach wird mir immer mehr bewusst, was es heißt, aidskrank zu sein.

Gezielt helfen lernen

Um Hilfsbedürftigen professionell helfen zu können, haben sich zahlreiche Berufe im sog. sozialen Bereich entwickelt. Neben den speziellen Ausbildungsberufen gibt es noch viele soziale Organisationen, z. B. das Rote Kreuz, Malteser Hilfsdienst, Caritas, Diakonisches Werk, Technisches Hilfswerk usw. Hier werden die zumeist ehrenamtlichen Mitarbeiter durch gezielte Schulungen zum Helfen angeleitet. Zudem ist es möglich – neben der ehrenamtlichen Tätigkeit – in diesen Verbänden ein freiwilliges soziales Jahr oder den Zivildienst abzuleisten.

Fachhauswirtschafter/in für ältere Menschen

Durch den Einsatz dieser Fachkräfte soll für ältere, hilfsbedürftige Menschen die Voraussetzung geschaffen werden, dass sie möglichst lange in ihrer vertrauten Umgebung leben können. Das Aufgabengebiet umfasst die Erledigung der im Haushalt anfallenden Arbeiten sowie die Ausführung von Grundpflegemaßnahmen, z. B. Hilfe bei der Körperpflege. Zusätzlich werden die hilfsbedürftigen Personen in ihren Fähigkeiten trainiert, aktiviert und zu eigener Lebensgestaltung motiviert. Ebenso finden die älteren Menschen bei Behördengängen und Arztbesuchen durch die Fachhauswirtschafterin Unterstützung.

Familienpfleger/in

Sie werden als Vertreter der abwesenden oder erkrankten Hausfrau im städtischen Familienhaushalt eingesetzt. Dort versorgen sie den gesamten Haushalt, betreuen und beschäftigen die Kinder und pflegen gegebenenfalls die Hausfrau und Mutter oder auch kranke Familienangehörige.
Handelt es sich bei dem zu versorgenden Haushalt um einen Bauernhof, so benötigt man hierfür die Ausbildung zur Dorfhelferin bzw. zum Dorfhelfer.

Altenpflegehelfer/in

Ihr Hauptaufgabengebiet sind Grundpflegemaßnahmen. Dazu gehören unter anderem die Körperpflege der älteren Menschen, die Hilfe beim An- und Auskleiden, das Betten und Lagern sowie das Anrichten und die Ausgabe von Mahlzeiten, Reinigung und Wartung von medizinischen Hilfsmitteln. Altenpflegehelfer sind immer zur Unterstützung der Altenpfleger eingestellt. Um selbstständig und eigenverantwortlich in der Betreuung und Pflege alter Menschen arbeiten zu können, ist eine Weiterbildung zum / zur Altenpfleger/in erforderlich.

Hauswirtschaftliche/r Betriebsleiter/in

In Einrichtungen, wie z. B. Seniorenwohnanlagen, Kindertagesstätten, Internaten für Schüler muss auch die hauswirtschaftliche Versorgung von Fachkräften geleistet werden. Dies ist oft Aufgabengebiet der hauswirtschaftlichen Betriebsleiterin. Sie managt den Lebensmitteleinkauf, teilt Küchen- und Reinigungspersonal ein, regelt die Wäschevergabe, leitet neue Mitarbeiter an, sichert die geforderten Hygienestandards … Zugangsvoraussetzung für die Ausbildung ist ein mittlerer Bildungsabschluss.

Sozialbetreuer/in (Sozialhelfer/in)

Sie sind in der Alten-, Familien- und Behindertenpflege tätig. In den ersten beiden Bereichen unterscheiden sich die Arbeiten kaum von denen der Alten- bzw. Familienpflegerin.

Sozialbetreuer können jedoch zusätzlich in Einrichtungen der Behindertenhilfe arbeiten. Sie helfen als Mitarbeiter der Heilerziehungspfleger, z. B. in Heimen, Wohngruppen oder Werkstätten mit behinderten Menschen aller Altersgruppen.

Krankenpflegehelfer/in

Durch Mithilfe bei der Pflege und Versorgung der Patienten entlasten sie Krankenschwestern und Krankenpfleger auf den Stationen. Sie sollen dabei den Kranken vor allem die Tätigkeiten abnehmen, die diese selbst nicht verrichten können, z. B. die Körperpflege. Sie helfen den Kranken beim Essen, begleiten sie zu Untersuchungen und Behandlungen, teilen Essen aus, bereiten Getränke zu, messen die Temperatur und den Puls. Sie säubern und pflegen Instrumente, räumen auf, sorgen für Sauberkeit in unmittelbarer Nähe des Patienten und richten die Betten.

Rettungsassistent/in

Rettungsassistenten führen am Notfallort bis zur Übernahme der Behandlung durch den Arzt lebensrettende Maßnahmen bei Notfallpatienten durch. Sie stellen die Transportfähigkeit solcher Patienten her, beobachten die lebenswichtigen Körperfunktionen während des Transports zum Krankenhaus oder halten sie aufrecht. Außerdem befördern sie kranke, verletzte und sonstige hilfsbedürftige Personen, auch soweit sie nicht Notfallpatienten sind, unter sachgerechter Betreuung.

Kinderpfleger/in

Zu ihrem Aufgabenbereich gehören alle Arbeiten, die bei der Erziehung und Pflege von Säuglingen, Kleinst- und Kleinkindern anfallen: Anleitung zu Spiel und altersgemäßer Beschäftigung, Pflege von Spiel- und Beschäftigungsmaterial, Werken und Musizieren mit Kindern, Körperpflege und häusliche Kinderkrankenpflege, Zubereitung der Speisen und Pflege der Kinderwäsche. Kinderpfleger unterstützen immer die Arbeit von Erziehern, Eltern oder sozialpädagogischen Fachkräften.

Erzieher/in

Immer wenn es um leitende Aufgaben in oben genannten Tätigkeitsfeldern geht, wird die berufliche Qualifikation als Erzieher/in verlangt. Voraussetzung dafür ist ein mittlerer Bildungsabschluss. Die Ausbildung zum Erzieher/zur Erzieherin ist umfangreicher, da im späteren Berufsleben ein hohes Maß an Verantwortung und Selbstständigkeit gefordert ist.

Gesundheits- und Krankenpfleger/-in

Das Berufsbild der Gesundheits- und Krankenpflegerin/des Gesundheits- und Krankenpflegers ist neben den Pflegearbeiten vor allem durch die medizinische Versorgung der Patienten gekennzeichnet. Abgesehen von einem umfangreichen medizinischen Wissen erfordert dieser Beruf ein hohes Maß an Verantwortung. Zugangsvoraussetzungen sind daher ein Mindestalter von 17 Jahren sowie der mittlere Bildungsabschluss.

Aktuelle Inhalte der jeweiligen Berufsausbildungen sind u. a. unter folgenden Internetadressen zu finden:

www.arbeitsagentur.de
www.Berufsverband-Hauswirtschaft.de

www.bildungslinks.de
www.hauswirtschaften.de

Entscheiden und Planen

Mitunter weiß man von Menschen, die Hilfe brauchen. Häufig fehlt aber der Mut, die Initiative zu ergreifen. Um die Situation eines hilfsbedürftigen Menschen verstehen zu können, reicht eine einmalige Begegnung nicht aus. Vielmehr ist es notwendig, sich Zeit zu nehmen und ein „Stück Weg" mit dem Hilfsbedürftigen zu gehen. Soziale Einrichtungen bieten die Möglichkeit, das Leben dieser Menschen kennen zu lernen, und erleichtern die Kontaktaufnahme.

Erproben und Verbessern

Wenn auch die soziale Einrichtung den Zugang zu den Hilfsbedürftigen erleichtert, ist es damit nicht getan. In einem Gespräch mit den Verantwortlichen der Organisation lässt sich klären, ob die persönlichen Wünsche und Vorstellungen erfüllt werden können. Zudem kann der Praktikant prüfen, ob er imstande und bereit ist, die an ihn gestellten Erwartungen zu erfüllen.

Durchführen

Im Mittelpunkt des Sozialpraktikums steht die Begegnung mit Menschen. Maschinen- und Bürotätigkeiten sowie Reinigungsarbeiten sollten allenfalls eine untergeordnete Rolle spielen. Vorrangiges Ziel des Praktikums ist es, sich in die besonderen Bedürfnisse der Hilfsbedürftigen einzufühlen. Im täglichen Umgang werden die anfänglichen Berührungsängste und Hemmschwellen zunehmend abgebaut. Begleitend zum Praktikum entsteht ein Bericht, in dem die ausgeführten Arbeiten aufgelistet werden.

Auswerten

Ein abschließender Erfahrungsaustausch ermöglicht es, über das Erlebte zu sprechen: anfängliche Erwartungsangst, innere Betroffenheit, persönliche Zufriedenheit, wichtige Lebenserfahrungen. Nach Vorlage des Praktikumsberichts wird die Teilnahme durch ein Zertifikat bescheinigt. Im Hinblick auf eine spätere Berufswahl sind sowohl positive als auch negative Erfahrungen hilfreich. Die während des Praktikums entstandenen Kontakte können durch freiwillige Begegnungen weiter vertieft werden.

B Betreuung hilfsbedürftiger Einzelpersonen

Menschsein für andere

ENTSCHEIDEN UND PLANEN
- Welchen Menschen möchte ich konkret helfen?
- Welche Kontaktpersonen können hilfreich sein?
- Für welchen sozialen Beruf interessiere ich mich?
- In welcher sozialen Einrichtung möchte ich mitarbeiten?

INFORMIEREN UND VORBEREITEN
- Abstecken der gegenseitigen Erwartungen
- Klären der Voraussetzungen
  - Arbeitskleidung?
  - Gesundheitszeugnis?
  - Schutzimpfungen? ...
- Festlegen der Rahmenbedingungen
  - Einsatzdauer?
  - Arbeitszeit?

Menschsein für andere

Sozialpraktikum

AUSWERTEN
- Was hat mir das Sozialpraktikum persönlich gebracht?
- Wie beurteile ich nun die Lebenssituation hilfsbedürftiger Menschen?
- Könnte ich mir vorstellen, in diesem Bereich beruflich tätig zu werden?

DURCHFÜHREN
- Ableisten des Sozialpraktikums
- Erstellen eines Erfahrungsberichtes

Miteinander Feste feiern

Kürbis spielte in der Ernährung der Menschheit schon immer eine wichtige Rolle. Problemloser Anbau sowie eine reiche Ernte garantierten den Menschen früherer Generationen an vielen Tagen die Möglichkeit, sich satt zu essen. Demzufolge gibt es in vielen Kulturkreisen tradierte Rezepte, die in den Herbstmonaten landauf landab gekocht wurden.

Noch dazu birgt der Kürbis eine gewaltige Symbolik. Außen drall, innen hohl, dabei voller Samen ist der Kürbis von jeher das Symbol für Fruchtbarkeit schlechthin. Die Puebloindianer Neu Mexicos beispielsweise legten ihren weiblichen Nachkommen einen Kürbis mit in die Wiege.

In Deutschland ist der Kürbis Sinnbild für ein gutes Wirtschaftsjahr der Bauern und hat damit von alters her seinen festen Platz zum Erntedankfest. Als Grundnahrungsmittel verlor er durch zunehmenden Wohlstand an Bedeutung. Erst mit Halloween trat der Kürbis einen erneuten Siegeszug an. Einhergehend damit wurden alte Rezepte wiederbelebt und neue erfunden.

Erntedank

Die eingebrachte Ernte war von alters her Anlass, ein fröhliches Fest zu feiern und damit Gott für seine Gaben zu danken. So ist es dann durch die Jahrhunderte hindurch geblieben. Der wichtigste Tag im Jahresablauf eines Bauern war insofern weder Weihnachten noch des Kaisers Geburtstag, sondern der Tag, an dem er nach monatelanger schwerer, mühevoller Arbeit endlich seine Ernte unter Dach und Fach hatte.

Beim christlichen Erntedankfest wurden die mitgebrachten Früchte in der Kirche gesegnet, dann wurde mit fröhlicher Musik und Tanz weitergefeiert. Die Dankbarkeit spiegelte sich in verschiedenen Bräuchen wider.

Neben diesen christlichen Bräuchen hat sich jedoch auch so mancher noch aus vorchristlicher Zeit stammende Erntebrauch erhalten. So wurden mancherorts die ersten drei Früchte, Ähren oder Beeren über die Schulter geworfen, um auch die alten Korn- und Waldgeister an der Ernte teilhaben zu lassen. Oder man legte einige Früchte des Feldes in Kreuzform auf den Boden, um somit den Segen Gottes für eine erfolgreiche Ernte zu erbitten.

Arbeitsaufträge:
1. Versuche herauszubekommen, welche Herbst- oder Erntebräuche es bei uns und in anderen Ländern gibt!
2. Wofür bist du in deinem Leben dankbar?
3. Wie kannst du Naturmaterialien dazu nutzen, die Wohnung bzw. einen Tisch für Erntedank zu schmücken? Informiere dich dazu in aktuellen Zeitschriften!

C Generationen begegnen sich: Wir feiern ein Kürbisfest

Du kannst neu dazulernen,

- durch Informationen und Begegnungen ältere Menschen verstehen zu lernen,
- Traditionen und Brauchtum als Grundlage von Festen kennen zu lernen,
- ein Kürbisfest mit älteren Menschen zu planen und durchzuführen.

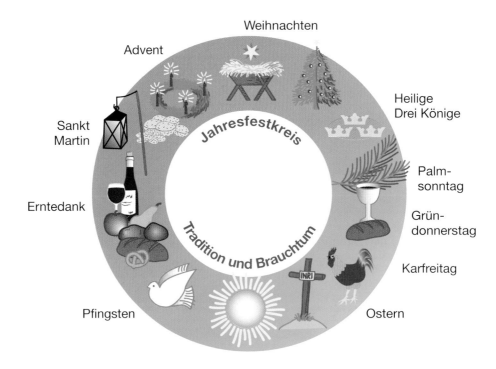

Arbeitsaufträge:

1. Zu vielen Festen haben sich Traditionen und Bräuche entwickelt. Erzählt, was ihr darüber wisst!
2. Der Jahresfestkreis hat den Lebensalltag der Menschen früherer Generationen entscheidend geprägt. Informiert euch im Gespräch mit älteren Menschen über
   - traditionelle Speisen und Getränke
   - Kleidungsvorschriften
   - Verbotenes und Erforderliches an bestimmten Feiertagen (z. B. Musik und Tanz, Essen ...)
   - Freizeitgestaltung
   - Symbole
3. Welche Feste und Ereignisse sind für dich persönlich im Laufe eines Jahres wichtig?

Halloween

Halloween ist ein typisches Fest der Amerikaner. Sie veranstalten es als eine Mischung aus Walpurgisnacht und Karneval.

Auch in Deutschland werden zunehmend mehr Halloweenpartys gefeiert. Dabei weiß kaum jemand um die eigentlichen Wurzeln des Festes. Ebenso wenig ist der Zusammenhang zu Allerheiligen bekannt.
Bei uns verbinden die Menschen Halloween auch mit Begriffen wie

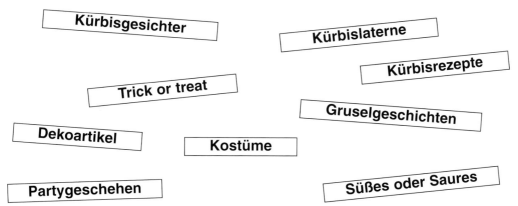

Kürbisgesichter

Kürbislaterne

Kürbisrezepte

Trick or treat

Gruselgeschichten

Dekoartikel

Kostüme

Partygeschehen

Süßes oder Saures

Arbeitsaufträge:
1. a) Informiert euch online mittels einer Suchmaschine über folgende Begriffe:

      ● Halloween
      ● Jack O'Lantern
      ● Kürbisfest
      ● Kürbisrezepte
   b) Wertet die Informationen für euer Vorhaben aus!
   c) Sprecht mit euren Englisch-, Religions- und Ethiklehrkräften über unterschiedliche Aspekte des Halloweenfestes!
2. Überlegt euch, wie man gemeinsam mit alten Menschen ein Fest zum Thema Kürbis feiern kann!

Kürbisbrot

400 g Kürbis 100 ml Wasser	Kürbis schälen, entkernen, in grobe Würfel schneiden und im Wasser etwa 10 Minuten dünsten.
1 EL Kürbiskernöl	Kürbiswürfel pürieren, Kürbiskernöl zugeben. Auskühlen lassen!
1 Würfel Hefe 1 TL Zucker	Hefe in eine Tasse bröckeln, mit dem Zucker flüssig rühren.
500 g Mehl 2 gestr. EL Zucker 2 EL gehackte Kürbiskerne 2 EL ganze Kürbiskerne 1 TL Salz ¼ TL Ingwer, gemahlen ¼ TL Zimt 1 Msp. Nelken, gemahlen	Zutaten der Reihe nach in eine Rührschüssel geben, kaltes Kürbispüree zugeben, flüssig gerührte Hefe zugießen. Mit den Knethaken des Handrührgerätes zu einem glatten Teig kneten. Teig ca. 20 Minuten gehen lassen.
Margarine für die Kastenform 1 EL Kürbiskerne	Eine Kastenform einfetten, Teig einfüllen und glatt streichen. Kürbiskerne darüber streuen und leicht andrücken. Teig in der Form weitere 5 Minuten gehen lassen. Bei 175 °C Umluft etwa 40–45 Minuten backen.

Kürbismarmelade

1 kg Kürbis, gewürfelt ⅛ l Wasser	Kürbis in ⅛ l Wasser 15 Min. dünsten, anschließend, pürieren.
1 kg Gelierzucker ¾ TL Zimt ½ TL Ingwerpulver ¼ TL Nelkenpulver ¼ TL Muskat Saft von 2 Zitronen	Gelierzucker und Gewürze daruntermischen. Unter ständigem Rühren zum Kochen bringen. 4 Min. sprudelnd kochen lassen. Gelierprobe machen, heiß in Gläser füllen und verschließen.

Kürbismarmelade mit Blutorange

	Orange heiß waschen. Mit einem scharfen Messer die Orangenschale ganz dünn abschälen und in feine Streifen schneiden. Die Streifen mit kochendem Wasser überbrühen.
1 Blutorange	10 Min. ziehen lassen und anschließend abseihen.
600 g Kürbismus 400 ml frisch gepresster Blutorangensaft 3 Tropfen flüssiges Orangenaroma	Zutaten in einen großen Topf geben und unter Rühren zum Kochen bringen. Orangenschalen zugeben und 4 Min. sprudelnd kochen lassen.
1 kg Gelierzucker	Gelierprobe machen, Masse heiß in Gläser füllen und verschließen.

Kürbismuffins

50 g Rosinen 4 Tropfen flüssiges Orangenaroma	Rosinen in Orangenaroma einweichen und 15 Min. quellen lassen.
250 g Kürbis, in grobe Spalten geschnitten 1 Karotte	Kürbis und Karotte raspeln.
250 g helles Dinkelmehl 1 Pck. Backpulver 75 g Zucker 1 Pr. Salz 1 Pr. Muskatnuss, gemahlen 1 Msp. Galgantpulver (ersatzweise Ingwerpulver)	Mehl mit Backpulver, Zucker und den Gewürzen in eine Schüssel geben.
2 Eier 1/8 l Milch 4 EL Sonnenblumenöl	Zutaten mit den Rührbesen des Handrührgerätes schaumig schlagen. Nach und nach zum Mehl gießen und unterrühren. Gemüseraspel und Rosinen unter den Teig heben.
1 Muffinform 12 Papierförmchen	Papierförmchen in die Muffinform setzen. Teig sofort einfüllen. Bei 180°C Ober- und Unterhitze 45 Min. backen.

Kürbis „süß-sauer"

1,5 kg Kürbisfleisch	Kürbisfleisch in Würfel von ca. 1,5 cm Kantenlänge schneiden.
1/2 l Wasser 1/4 l Weißweinessig 1 Zitrone, unbehandelt 500 g Zucker 1 Zimtstange 4 Nelken 1 Stück Ingwer	Zutaten mit dem gewürfelten Kürbis in einen großen Topf geben. Gewürze in ein Mullsäckchen geben und mit dem Kürbis etwa 10 Min. kochen. Gewürzsäckchen entfernen. Kürbis kochend heiß in Gläser füllen und verschließen.

Kürbisketchup

1 kg Kürbisfleisch, klein gewürfelt 1/2 l Apfelessig	Kürbiswürfel mit Essig 20 Min. kochen. Masse pürieren.
400 g Gelierzucker 2 TL Lebkuchengewürz 2 TL Cayennepfeffer 1 TL Zitronenschale, gerieben	Gelierzucker und Gewürze zugeben, unter ständigem Rühren aufkochen. 4 Min. sprudelnd kochen lassen. Masse kochend heiß in Gläser füllen und sofort verschließen.

Vorschläge zur Dekoration mit Kürbis

Kürbisgesicht mit Teelicht

zusätzliches Material:
● Teelichter

Arbeitsweise:
Zuerst beim Stielansatz des Kürbisses einen Deckel abschneiden.
Kürbis aushöhlen und Fruchtfleisch zur Zubereitung verschiedener Rezepte weiterverwenden (siehe dazu Seite 78 f.).
Anschließend den Kürbis durch Ausschneiden von Ornamenten oder eines Gesichtes gestalten (vgl. Abb.).
Ein Teelicht in den ausgehöhlten Kürbis stellen.
Am besten hält sich das Kürbisgesicht an einem kühlen Ort, am Hauseingang, auf der Terrasse oder auf der Fensterbank.

Blumenkürbis

zusätzliches Material:
● Herbstblumen, z.B. kleine Sonnenblumen, Dahlien, Astern, Efeuranken, Gräser, Getreideähren
● großes Glas oder Becher
● Steckschwamm

Arbeitsweise:
Zuerst den Steckschwamm einweichen und voll saugen lassen. Dann beim Stielansatz des Kürbisses den Deckel abschneiden.
Kürbis aushöhlen und Fruchtfleisch zur Zubereitung verschiedener Rezepte weiterverwenden (siehe dazu Seite 78 f.).
Anschließend den Steckschwamm entsprechend der Glasgröße zuschneiden und in das Gefäß geben.
Das Gefäß mit Wasser auffüllen und in den ausgehöhlten Kürbis setzen.
Nun können z. B. Efeuranken, Herbstblumen, Gräser und Getreideähren in den Schwamm gesteckt werden.
Auf der Fensterbank oder beim Hauseingang sieht der Blumenkürbis sehr dekorativ aus.

Kürbisgesichter

Material:
- mittelgroßer Kürbis
- Arbeitsunterlage
- Filzstift
- scharfes Messer
- Esslöffel
- große Schüssel

Arbeitsweise:
Mit einem Filzstift den Deckel anzeichnen. Kürbis so auf die Arbeitsfläche legen, dass der Stielansatz zur Seite zeigt (vgl. Abb.).
Deckel mit einem scharfen Messer entlang der Markierung abschneiden.

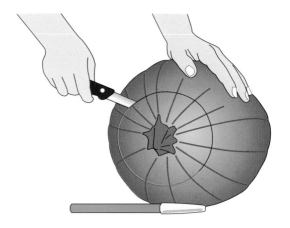

Den Kürbis aushöhlen. Dabei das Fruchtfleisch mit einem Esslöffel herausnehmen und zur Zubereitung verschiedener Rezepte weiterverwenden (siehe dazu Seite 79).
Damit der Kürbis stabil bleibt, sollte beim Aushöhlen eine Wandstärke von 2 cm nicht unterschritten werden.

Das Gesicht mit einem Filzstift vorzeichnen.
Anschließend Augen, Nase und Mund vorsichtig mit einem scharfen Messer herausschneiden.

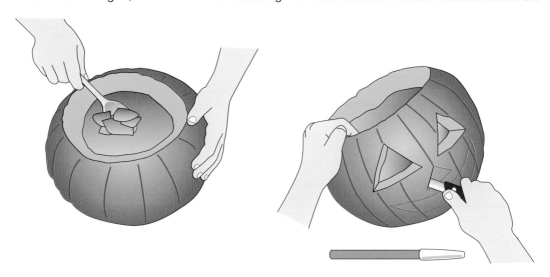

D

Mehrere Fachbereiche arbeiten im Team:
Verteilung der anfallenden Aufgaben – wer macht was?

Beratschlagt über eine ansprechende und verkaufsfördernde Präsentation des Produkts!

Stellt das Produkt in der erforderlichen Stückzahl her!

Plant folgerichtig, um einen reibungslosen und systematischen Arbeitsablauf zu gewährleisten!

Zeichnet die Ware aus!

Überlegt, ob das Produkt eine Verpackung braucht!

Informiert euch über die Materialkosten!

Kümmert euch um Materialbeschaffung unter Beachtung von Qualität, Preis, Umweltfreundlichkeit usw.!

Klärt die Vorfinanzierung des Vorhabens!

Wählt eine umweltfreundliche und kostengünstige Verpackung aus!

Testet den Preis: Befragt Leute, ob sie diesen Preis für unser Produkt zahlen würden!

Informiert euch, bis wann die Produktion abgeschlossen sein muss!

Informiert euch über rechtliche Belange!
● Welche Hygienemaßnahmen sind vorgeschrieben?
● Dürfen wir ohne Aufsicht in Räumen arbeiten, Erkundungen außerhalb der Schule durchführen usw.?

Erstellt einen Prototyp!

Organisiert die Arbeiten so, dass jeder ausgelastet ist!

Entwickelt einen Produktnamen und weckt die Nachfrage nach dem Produkt! (Plakate, Handzettel, Durchsage, Postwurfsendungen)

Erkundigt euch, welche Stückzahl produziert wird!

Beachtet beim Verkauf Kundenkontakt und Kundengespräch!

Errechnet einen Kostendeckungspreis (Materialkosten, Werbekosten u. a.) und schlagt einen realistischen Gewinn auf!

Überlegt euch, wie ihr mit dem Produkt Erinnerungen bei der Zielgruppe wecken könnt!

Arbeitsaufträge:
1. Besprecht mit euren Lehrkräften, in welchen Fächern die anfallenden Aufgaben bearbeitet werden können!
2. Erstellt einen Gesamtorganisationsplan, aus dem hervorgeht,
   ● was im Vorfeld geklärt werden muss,
   ● welche Aufgaben zeitgleich erledigt werden können,
   ● welche Gruppen eng zusammenarbeiten müssen usw.
3. Erstellt mithilfe des Computers eine Übersicht, in der Einnahmen und Ausgaben notiert werden! Eine Hilfe findest du in Kapitel 4 auf den Seiten 23 und 24.
4. Informiert euch über rechtliche Belange!
   ● Welche Hygienemaßnahmen sind vorgeschrieben?
   ● Mögliche Internetadressen: www.lemitec.de/schule
                                                   www.vis-ernaehrung.bayern.de
                                                   de.wikipedia.org/wiki/Hygiene

Unser Fachbereich innerhalb des Teams: Wie gehen wir vor?

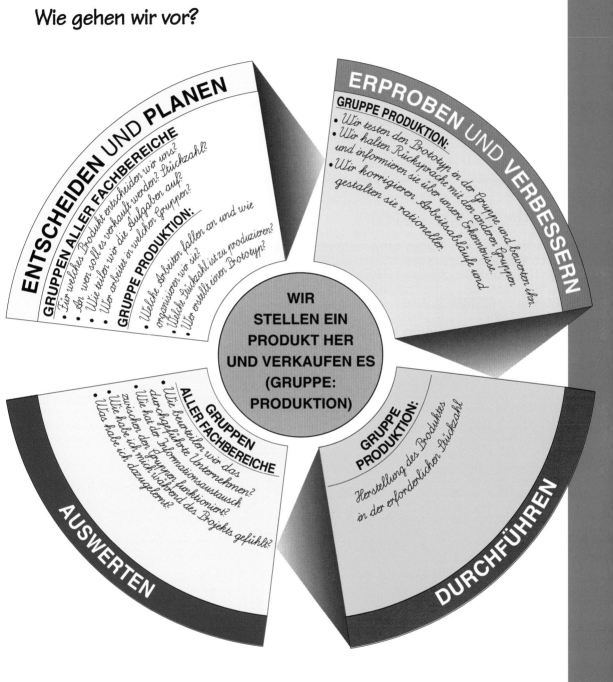

ENTSCHEIDEN UND PLANEN

GRUPPEN ALLER FACHBEREICHE
- Für welches Produkt entscheiden wir uns?
- Wie von soll es verkauft werden? Stückzahl?
- Wie teilen wir die Aufgaben auf?
- Wer arbeitet in welchen Gruppen?

GRUPPE PRODUKTION:
- Welche Arbeiten fallen an und wie organisieren wir sie?
- Welche Stückzahl ist zu produzieren?
- Wer erstellt einen Prototyp?

ERPROBEN UND VERBESSERN

GRUPPE PRODUKTION:
- Wir testen den Prototyp in der Gruppe und bewerten ihn.
- Wir halten Rücksprache mit den anderen Gruppen und informieren sie über unsere Erkenntnisse.
- Wir korrigieren Arbeitsabläufe und gestalten sie rationeller.

WIR STELLEN EIN PRODUKT HER UND VERKAUFEN ES (GRUPPE: PRODUKTION)

GRUPPEN ALLER FACHBEREICHE
- Wie beurteilen wir das durchgeführte Unternehmen?
- Wie hat der Informationsaustausch zwischen den Gruppen funktioniert?
- Wie habe ich mich während des Projekts gefühlt?
- Was habe ich dazugelernt?

GRUPPE PRODUKTION:
Herstellung des Produktes in der erforderlichen Stückzahl.

AUSWERTEN

DURCHFÜHREN

- Konnte ich die mir anvertraute Aufgabe verantwortungsbewusst ausführen?
- Wo hatte ich Schwierigkeiten was ist mir gut gelungen?
- War das Projekt ein wirtschaftlicher Erfolg (Ertrag/Gewinn)?

E EDV-Arbeiten mit Texten

Du kannst neu dazulernen,

- Texte zu laden, zu markieren, zu formatieren, abzuspeichern und auszudrucken,
- herauszustellen, dass ein Text nur dann optisch einprägsam wirkt, wenn nicht alle Gestaltungsmöglichkeiten ausgeschöpft werden,
- Vorteile, wie problemlose Änderung, ständige Verfügbarkeit und Vervielfältigungsmöglichkeit von Textmaterial, zu erkennen und anzuwenden.

Markieren von Texten

Das Markieren von Texten ist grundsätzlich Voraussetzung für jede Art der Textgestaltung, auch Formatieren genannt.
Markierte Texte erscheinen am Bildschirm wie folgt:

Dies ist ein `markiertes` Wort.

Die Markierung kann durch Klicken der Maustaste oder mithilfe der Cursortaste rückgängig gemacht werden. Dem Markieren muss immer ein weiterer Befehl folgen, z. B. „Fettdruck", „Unterstreichen".
Wird nach dem Markieren eine der Tasten gedrückt, ist damit die markierte Textpassage gelöscht.

Gestalten von Texten durch Zeichenformate

Zeichenformate dienen dazu, wichtige Textpassagen hervorzuheben. Grundsätzlich empfiehlt es sich, die Formatierungsarbeiten erst nach der Texteingabe durchzuführen. In der Regel stellt ein Textverarbeitungsprogramm folgende Zeichenformate zur Verfügung:

So kann ein Text im **Fettdruck** geschrieben werden, zudem gibt es die Möglichkeit zu <u>unterstreichen</u>. Eine weitere Hervorhebung von Textpassagen kann durch *Kursivschrift* erfolgen.

KAPITÄLCHEN, das sind kleine Großbuchstaben, stellen eine Sonderform der Zeichenformate dar. Die Wirkung der Kapitälchen wird dadurch unterstützt, wenn der erste Buchstabe eines Hauptwortes als normaler Großbuchstabe eingegeben wird.
MIT KAPITÄLCHEN KÖNNEN SOMIT INTERESSANTE EFFEKTE ERZIELT WERDEN.

Gestalten von Texten durch Schriften

● Schriftart

Jedes Textverarbeitungsprogramm bietet unterschiedliche Schriftarten an. Dadurch können z. B. Überschriften hervorgehoben werden.

> Zeitungen sind häufig in „Times New Roman" geschrieben.
> Die Überschriften dieses Buches sind in „Comic Sans" geschrieben.
> Die Texte dieses Buches wurden in „Arial" geschrieben.

● Schriftgröße

Außerdem besteht die Möglichkeit, jede Schrift in ihrer Größe zu verändern. Das Listenfeld „Schriftgröße" bietet – je nach Schriftart – die verfügbaren Größen an. Grundsätzlich gilt: Je höher die Zahl, desto größer die Schrift.

Gestalten von Texten durch Absatzformate

● Zeilenabstand

Neben der Schriftart und Schriftgröße lässt sich auch der Zeilenabstand unterschiedlich festlegen. Standardmäßig werden Texte mit einzeiligem Abstand geschrieben.

> Wie man an dieser Textpassage gut erkennen kann, wird beim einzeiligen bzw. einfachen Zeilenabstand der vorhandene Platz bestmöglich ausgenutzt.
>
> Da diese Texte jedoch sehr dicht wirken und ermüdend zu lesen sind,
> verwendet man für Briefe, Pressetexte usw. den Zeilenabstand 1,5.

● Textausrichtung

Texte können innerhalb einer Zeile unterschiedlich angeordnet sein.

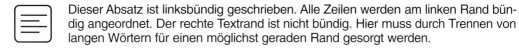

Dieser Absatz ist linksbündig geschrieben. Alle Zeilen werden am linken Rand bündig angeordnet. Der rechte Textrand ist nicht bündig. Hier muss durch Trennen von langen Wörtern für einen möglichst geraden Rand gesorgt werden.

Nun folgt ein rechtsbündiger Text, das heißt, die einzelnen Zeilen stehen am rechten Rand bündig untereinander. Beide Ausrichtungsarten zählen zum so genannten Flattersatz.

Im Blocksatz werden beide Seiten bündig angeordnet. Das sieht sehr schön aus, hat aber den Nachteil, dass die Leerstellen auseinander gezogen werden. Um allzu große Lücken zu vermeiden, muss man häufig trennen.

Zum Schluss noch ein zentrierter Text:
Die Zeile wird gemittelt, dadurch entsteht auf der linken
und der rechten Seite ein gleich großer Rand.

Anwendungsbeispiele

Klara-Schulz-Schule   Wolfsberg, 28.02.2008
Schulstraße 1
12345 Wolfsberg

An die
Bundeszentrale für
gesundheitliche Aufklärung
Ostmerheimer Str. 200

51109 Köln

Informationsmaterial über Säuglinge und Kleinkinder

Sehr geehrte Damen und Herren,

im Rahmen eines Projektes beschäftigen wir uns mit der Betreuung von
Säuglingen, Kleinst- und Kleinkindern. Daher bitten wir um kostenlose
Zusendung folgender Broschüren:

– Das Baby
– Kinderspiele
– Unsere Kinder
– Sicherheitsfibel
– Nicht nur laufen lassen (Kinder, Fernsehen und Computer)

Über baldige Zusendung der Broschüren würden wir uns sehr freuen.
Falls Sie noch weitere Informationen zu oben genanntem Themenkreis
haben, senden Sie uns diese bitte mit.
Vielen Dank für Ihre Bemühungen!

Mit freundlichen Grüßen

Klasse 8b

Gestalten von Einladungen

Alles, was die Text- und Bildgestaltung eines Schriftstücks umfasst, wird in der Fachsprache mit „Layout" bezeichnet.

Um ein ansprechendes Gesamtergebnis zu erzielen, ist es notwendig, folgende Grundsätze zu beachten: Zunächst gilt es, sich zu überlegen, was wirklich wichtig ist – nur das wird gestaltet. Ebenso sind Informationen, die eine Einheit bilden, in derselben Art und Weise zu formatieren. Bei den Hervorhebungen durch Fettdruck, Kursivschrift und Unterstreichen zählt es zu den goldenen Regeln, sich pro Seite auf eine Art zu beschränken. Schriftarten sollten es nicht mehr als zwei sein. Um den Gesamteindruck zu heben, bieten sich grafische Elemente wie ClipArt oder Rahmen an. Sie sind jedoch Nebensache und das sollte auch deutlich zu sehen sein.

Einladung Einladung **Einladung**

Verkauf von Geschenken <u>aus der eigenen Küche</u> unter <u>Verwendung von Produkten aus dem Schulgarten!</u>
biologisch - **dynamisch** - gesund

WO?   Seniorentreff
WANN?   20. Oktober
                 14.00 Uhr
WER?   Schüler der Klara-Schulz-Schule

Greifen Sie zu, solange der Vorrat reicht!
WIR FREUEN UNS AUF IHREN BESUCH!
Die Schüler der Klara-Schulz-Schule!

Arbeitsauftrag:
1. Erkläre den Fachbegriff Layout!
2. Formuliere Regeln zu einer ansprechenden Text- und Bildgestaltung!
3. Bewerte das Layout der obigen Einladung!

Wir erkennen:
Je professioneller ein Rezept im Vorfeld durchgearbeitet und dann gestaltet wird, desto müheloser gelingt die Zubereitung!

Drucken von Etiketten

Für den Verkauf selbst hergestellter Produkte muss die verpackte Ware ausgezeichnet werden. Bei größerer Stückzahl empfiehlt es sich, Etiketten mithilfe des Computers zu erstellen. Neben dem zeitlichen Faktor besticht der Computer zudem durch ansprechende Gestaltungsmöglichkeiten.
Für verpackte Lebensmittel gibt es im Rahmen der Lebensmittelkennzeichnung Vorschriften.

Arbeitsaufträge:
1. Informiere dich per E-Mail beim Kompetenzzentrum für Gesundheit, Ernährung und Verbraucherschutz darüber, was auf dem Etikett stehen muss.
2. Wähle für eine verkaufsfördernde Gestaltung
   ● ein geeignetes ClipArt,
   ● eine ansprechende und übersichtliche Schriftgestaltung!

10 Produkte und ihre Umweltverträglichkeit:
Produkte im Vergleich

Du kannst neu dazulernen,

- Informationen über Transportwege und Verarbeitung anhand des Produktes „Tiefkühlpommes" auszuwerten,
- dass für Tiefkühlpommes ein hoher Rohstoff- und Energieaufwand nötig ist, bis das Produkt den Verbraucher erreicht,
- welche Vorteile darin liegen, frische Lebensmittel aus der Umgebung zu verarbeiten,
- zu erkennen, dass die Versorgung mit umweltverträglicheren Lebensmitteln meist der zeitaufwändigere und unbequemere Weg ist.

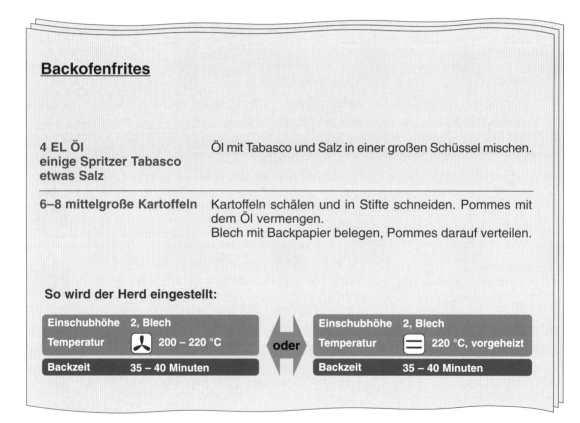

Backofenfrites

4 EL Öl **einige Spritzer Tabasco** **etwas Salz**	Öl mit Tabasco und Salz in einer großen Schüssel mischen.
6–8 mittelgroße Kartoffeln	Kartoffeln schälen und in Stifte schneiden. Pommes mit dem Öl vermengen. Blech mit Backpapier belegen, Pommes darauf verteilen.

So wird der Herd eingestellt:

Einschubhöhe	2, Blech		Einschubhöhe	2, Blech
Temperatur	200 – 220 °C	**oder**	Temperatur	220 °C, vorgeheizt
Backzeit	35 – 40 Minuten		Backzeit	35 – 40 Minuten

Damit die Pommes rundherum knusprig werden, empfiehlt es sich, sie nach etwa 20 Minuten Backzeit zu wenden. Bei großen Mengen ist es vorteilhaft, die Pommes auf mehrere Bleche zu verteilen.

So erarbeitest du dir einen Wissensvorsprung:

1. Pommes frites gibt es als Backofenfrites und für die Fritteuse zu kaufen. Warum werden Backofenfrites häufiger gekauft?
2. a) Welche Nachteile hat das Frittieren von Lebensmitteln?
   b) Nenne Gefahren, die mit dem Garverfahren Frittieren verbunden sind!
3. Forschung und Industrie bemühen sich immer mehr, umweltverträglichere Produkte zu entwickeln und auf den Markt zu bringen. So gibt es z.B. mittlerweile Verpackungs- material aus Maisstärke, Autos fahren mit Rapsdiesel und das Brauchwasser für Haus- halte kann durch Sonnenenergie erwärmt werden.
   Welche Gründe sprechen dafür, erneuerbare Rohstoffe und Energien zunehmend einzu- setzen?
4. Um beurteilen zu können, ob ein Produkt umweltverträglich ist oder nicht, müssen fol- gende Stationen im Produktionsablauf genauer betrachtet werden.
   Finde Überbegriffe zu den einzelnen Abbildungen!

Der „Lebenslauf" eines Produktes erstreckt sich von der Rohstoffgewinnung und Herstellung über alle anfallenden Transportwege bis hin zum Verbrauch und zur Entsorgung. Auch Betriebe unter- suchen die Umweltverträglichkeit ihrer Produkte. Zuständig dafür ist die Abteilung Controlling.

Beispielhaft werden auf den folgenden Seiten verglichen:

industriell vorgefertigte
Tiefkühl-Pommes

selbst gemachte
Pommes frites aus Kartoffeln

Transportwege

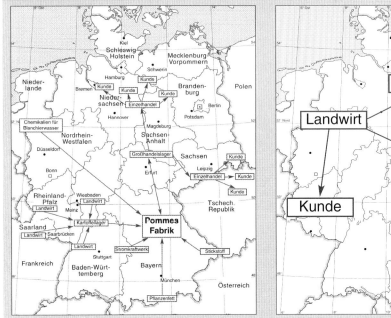

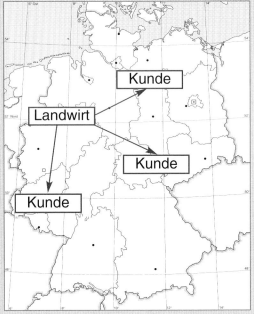

Nach der Ernte werden die Kartoffeln verlesen und sortiert. Sie stehen dem Kunden im Rahmen des Ab-Hof-Verkaufes ganzjährig zur Verfügung.

Um das gesamte Jahr über Kartoffeln aus heimischem Anbau anbieten zu können, ist es nötig, Früchte unterschiedlicher Sorten zu produzieren. Nur die späten Kartoffelsorten eignen sich für die Lagerung über mehrere Monate. Der Bauer lagert sie im Kartoffelkeller – dunkel, frostfrei, kühl.

Somit kann auf Importe aus dem Ausland verzichtet werden. Die jeweilige Sorte der Saison garantiert ein dauerhaftes Angebot und spart somit zahlreiche Transportkilometer.

	Speisefrühkartoffeln	Mittelfrühe Kartoffeln		Späte Kartoffelsorten		lagerfähig						
Juni	Juli	August	Sept.		Okt.	Nov.	Dez.	Jan.	Feb.	März	Apr.	Mai

Arbeitsaufträge:

Käufliche TK-Pommes und selbst hergestellte Pommes:

Vergleiche die anfallenden <u>Transportwege</u>!

a) Welche Anzeichen sprechen dafür, dass es sich bei der käuflichen Ware um ein umweltschädliches Produkt handelt?

b) Bei selbst hergestellten Pommes handelt es sich um ein umweltverträgliches Lebensmittel. Begründe!

10.2 Produkte und ihre Herstellung

 **Herstellung**

1. Schälen
Die Kartoffeln werden in Druckkesseln heißem Dampf ausgesetzt (Strom- und Wasserverbrauch). Dadurch lockert sich die Schale und kann von Rundbürsten abgeschrubbt werden (Stromverbrauch).

2. Schneiden und Sortieren
Um einheitliche Pommes zu erhalten, werden die Kartoffeln mit hohem Druck durch Gittermesser gepresst (Wasser- und Stromverbrauch). Nur aus der Kartoffelmitte können Markenpommes in der geforderten Länge gewonnen werden – der Rest ist Abfall (Lebensmittelverschwendung).

3. Blanchieren
Die Kartoffelstäbchen werden in heißem Wasser blanchiert (Strom- und Wasserverbrauch), um sie frittiergeeignet zu machen und die Keimzahl zu verringern. Dieses Vorgang verhindert, dass die Kartoffeln nach dem Auftauen einen süßlichen Geschmack haben. Damit die Pommes ihre spätere Knusprigkeit aufgrund des „Abbrühvorgangs" nicht verlieren, werden dem Blanchierwasser Schwefel, Phosphor und andere Chemikalien zugesetzt (Gewässerverschmutzung durch Industrieabwässer). Eine gleichmäßig goldgelbe Oberfläche erzielt man durch abschließenden Wasserentzug in einem Heißlufttunnel (Stromverbrauch).

4. Frittieren und Schockfrosten
Die Pommes werden in Pflanzenfett vorfrittiert (Stromverbrauch) und danach in einem Kühltunnel bei minus 30 °C schockgefrostet (hoher Stromverbrauch).

5. Verpacken
Das tiefgekühlte Produkt wird in Kunststoffbeutel abgepackt (Rohstoffverbrauch Erdöl, Stromverbrauch). Unter Stickstoffzugabe entsteht ein schützendes Luftpolster innerhalb der Verpackung (Luftverschmutzung durch Ammoniak). Zudem verzögert der Stickstoff das

1. Schälen
Rohe Kartoffeln schälen, waschen
(Wasserverbrauch).

2. Schneiden
Kartoffeln in gleichmäßige Stifte schneiden.

3. Würzen
Pommes mit Öl und Gewürzen vermengen.

Arbeitsauftrag:
Käufliche Tiefkühl-Pommes und selbst hergestellte Pommes:
Vergleiche die Herstellung!
a) Welche Anzeichen sprechen dafür, dass es sich bei der käuflichen Ware um ein umweltschädliches Produkt handelt?
b) Bei selbst hergestellten Pommes handelt es sich um ein umweltverträgliches Lebensmittel. Begründe!

10.3 Produkte und ihre Lagerung

 **Lagerung**

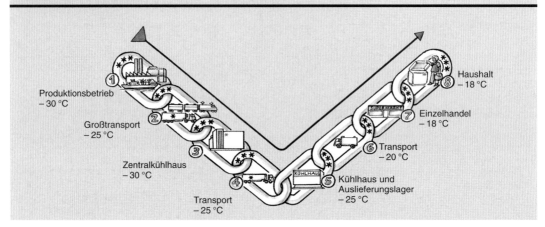

Produktionsbetrieb – 30 °C

Großtransport – 25 °C

Zentralkühlhaus – 30 °C

Transport – 25 °C

Kühlhaus und Auslieferungslager – 25 °C

Transport – 20 °C

Einzelhandel – 18 °C

Haushalt – 18 °C

 **Lagerung**

Die Lagerung von Kartoffeln ist weitgehend unproblematisch. Um die Qualität der Kartoffeln zu erhalten, müssen sie dunkel gelagert werden. Dies beugt der Bildung grüner, solaninhaltiger Stellen vor. Einem Feuchtigkeitsverlust (schrumpelige Früchte) kann durch einen kühlen Lagerraum entgegengewirkt werden. Der ideale Lagerort beim Bauern ist der sog. Kartoffelkeller – frostfrei, dunkel und kühl. Zu Hause lassen sich Kartoffeln für einige Zeit gut in einer Kartoffelhorde im Keller lagern.

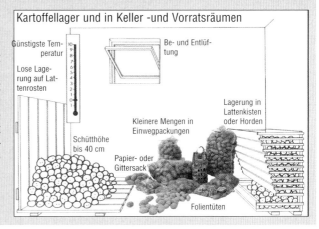

Kartoffellager und in Keller -und Vorratsräumen

Günstigste Temperatur

Lose Lagerung auf Lattenrosten

Be- und Entlüftung

Schütthöhe bis 40 cm

Kleinere Mengen in Einwegpackungen

Papier- oder Gittersack

Lagerung in Lattenkisten oder Horden

Folientüten

Arbeitsauftrag:
Käufliche TK-Pommes und selbst hergestellte Pommes:
Vergleiche den Aufwand bei der Lagerung!
a) Welche Anzeichen sprechen dafür, dass es sich bei der käuflichen Ware um ein umweltschädliches Produkt handelt?
b) Bei selbst hergestellten Pommes handelt es sich um ein umweltverträgliches Lebensmittel. Begründe!

10.4 Produkte und ihre Entsorgung

Entsorgung

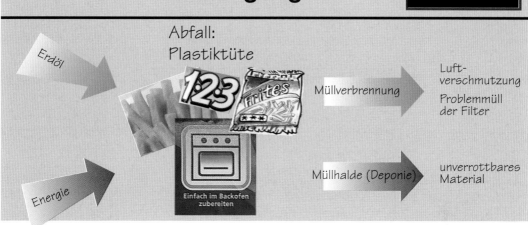

Abfall:
Plastiktüte

Erdöl

Energie

Müllverbrennung → Luft-
verschmutzung
Problemmüll
der Filter

Müllhalde (Deponie) → unverrottbares
Material

Entsorgung

Abfall:
Kartoffelschalen

Biomüll → Kompost
(=nährstoffreiche Erde)

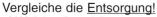
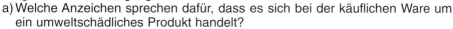

Arbeitsauftrag:
Käufliche TK-Pommes und selbst hergestellte Pommes:
Vergleiche die Entsorgung!

a) Welche Anzeichen sprechen dafür, dass es sich bei der käuflichen Ware um ein umweltschädliches Produkt handelt?
b) Bei selbst hergestellten Pommes handelt es sich um ein umweltverträgliches Lebensmittel. Begründe!

1-2-3-
ganz ohne Zauberei

Wir erkennen:

Umweltverträglich ist ein Lebensmittel nur dann, wenn es alle nachfolgenden Kriterien erfüllt:

aus der näheren Umgebung ⇒ regional

der Jahreszeit entsprechend ⇒ saisonal

im Einklang mit der Natur ⇒ naturbelassen

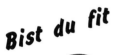

Wer mehr wissen will:

Umweltverträglich handeln – warum?
Unter Ressourcen versteht man
● Bodenschätze, z. B. Erdöl
● Wasser, Luft und Boden

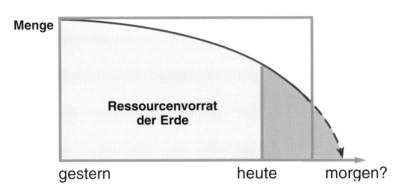

Durch unseren Lebensstil wird der Ressourcenvorrat der Erde in absehbarer Zeit aufgebraucht sein. Tatsache ist, dass verbrauchte Rohstoffe nicht wieder erneuert werden können. Überdies verursacht der Rohstoffabbau die Verschmutzung von Boden, Wasser und Luft – Elemente, die nur begrenzt belastbar sind.
Wohlstand wird zur Überlebensfrage!

Bist du fit

Beurteile folgende Produkte im Hinblick auf ihre Umweltverträglichkeit!

Frisches Obst- und Gemüseangebot
Das Bestreben, sich gesundheitsbewusst zu ernähren, führt dazu, dass immer mehr frisches Obst und Gemüse verzehrt wird. Um auch in den Wintermonaten ein reichhaltiges Angebot präsentieren zu können, werden Tomaten, Gurken, Paprikaschoten ... in der kalten Jahreszeit in beheizten Gewächshäusern angebaut. Dies bedeutet zwar einen erhöhten Aufwand, für seine Gesundheit ist der Kunde jedoch bereit, einen höheren Preis zu bezahlen.

Exotische Früchte
Südfrüchte erfreuen sich zunehmender Beliebtheit. Was früher als Luxusgut wenigen Reichen vorbehalten war, ist heute nahezu für jedermann erschwinglich. Der Genuss von Bananen, Kiwi, Mango ... ist zur Selbstverständlichkeit geworden – Weihnachten ohne Orangen und Mandarinen kaum vorstellbar.

Lebensmittelindustrie in der Region
Viele Fabriken entstehen bevorzugt dort, wo es die benötigten Rohstoffe gibt, beispielsweise die Chips-Industrie. Nach der Kartoffelernte der umliegenden Bauern werden die Früchte in Lagerhallen gesammelt und ohne größere Transportwege in der nahe gelegenen Fabrik zu Chips verarbeitet.

11 Produkte und ihre Umweltverträglichkeit: weltweite Auswirkung

Du kannst neu dazulernen,

- wie sich die Welt aufgrund des verschwenderischen Rohstoffabbaus verändert,
- dass ein ständiger Konsum nachhaltig die Lebensräume der Erde unbrauchbar macht,
- dass der Verzehr hoch veredelter Lebensmittel die Hungerproblematik in anderen Ländern verschärft,
- dass Leben für die Armen nur durch Verzicht der Reichen möglich ist,
- ein einfaches Gericht mit geringstmöglichem Energieaufwand herzustellen.

Milchreis (für 4 Personen)

1 l Milch
200 g Reis
1 Pr. Salz

Topf mit kaltem Wasser ausspülen. Milch mit Reis und Salz im offenen Topf zum Kochen bringen, Hitze stark drosseln, bei geschlossenem Topf fertig garen. Vorsicht! Milchreis brennt leicht an.
Garzeit: 40–45 Min.
Fertigen Milchreis mit Zimtzucker servieren.

Neben der üblichen Zubereitung auf der Kochstelle gibt es die Möglichkeit, den Reis in einer Kochkiste zu garen. Für die Energie sparende Art dieser Zubereitung ist lediglich ein Ankochen auf dem Herd erforderlich. Das Fertiggaren bzw. Ausquellen erfolgt in der Kochkiste.
Diese ist mit einem Material ausgekleidet, das die Wärme schlecht leitet.
Das Material lässt weder Wärme nach außen noch Kälte nach innen – es isoliert. Das Umhüllen mit Handtüchern und Decken, ja sogar das Federbett, können die Kochkiste ersetzen.

Milchreis (für 12–16 Personen)

3 l Milch
500 g Reis
½ TL Salz

Milch mit Reis und Salz im offenen Topf zum Kochen bringen, Platte ausschalten. Für 5 Minuten die Restwärme nutzen. Topf zugedeckt zunächst in ein Handtuch, anschließend in eine Decke einschlagen. 40–45 Min. ausquellen lassen. Nach der Ausquellzeit Milchreis gut durchrühren! Fertigen Milchreis mit Zimtzucker servieren.

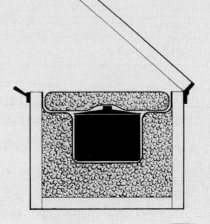

So erarbeitest du dir einen Wissensvorsprung:

1. Milchreis gilt als äußerst einfache Mahlzeit. Von welchen Personengruppen wird sie vorrangig verzehrt?

2. Stelle die Vorteile der Zubereitung von Milchreis in der Kochkiste heraus!

3. a) Reis wird in Rundkorn- und Langkornreis eingeteilt. Welchen wählst du jeweils für folgende Gerichte?
   - Reisbrei
   - Reis als Beilage
   - Reissuppe
   - Reisauflauf

   b) Laut Grundrezept für 4 Personen würde man für 3 l Milch 600 g Reis benötigen. Warum ist eine Menge von 500 g ausreichend?

4. Erkläre folgende Darstellung!

Der Club der Reichen

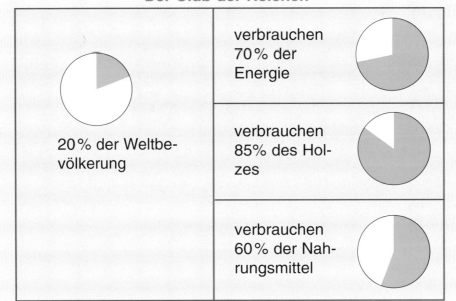

20 % der Weltbevölkerung

verbrauchen 70 % der Energie

verbrauchen 85 % des Holzes

verbrauchen 60 % der Nahrungsmittel

5. Unser Reichtum hat weltweite Folgen. Vermute!

Wo bleibt denn hier der Nachschub?

Seit Beginn der Industrialisierung im 19. Jahrhundert hat sich das Leben entscheidend geändert. Nahezu alle Bereiche wurden dem wirtschaftlichen Fortschritt untergeordnet. Dies führte dazu, dass unsere Lebensbedingungen immer angenehmer wurden. Langsam werden jedoch die Auswirkungen moderner Konsumsucht spürbar.

11.1 Auswirkungen auf Lebensraum und Umwelt

In Deutschland leben wir in einem allgemeinen Wohlstand, der kaum mehr zu überbieten ist. Ein lückenloses Angebot an Waren kennzeichnet unseren Lebensalltag. Die Geschäfte sind übervoll mit Massenartikeln oder exklusiver Markenware.

BETRIFFT: INDUSTRIESTAATEN

Kaufen

Ich hab' schon alles, ich will noch mehr
alles hält ewig, jetzt muss was Neues her

Ich könnt' im Angebot ersaufen
mich um Sonder-Posten raufen
hab' diverse Kredite laufen, oh, was geht's mir gut

Oh, ich kauf' mir was
Kaufen macht so viel Spaß
ich könnte ständig kaufen gehn
Kaufen ist wunderschön
ich kauf', ich kauf', was ist egal

Hat das Fräulein dann bei mir abkassiert
was jetzt meins ist, schon nicht mehr interessiert

Bin ich erst im Kaufrausch
frag' ich gleich nach Umtausch
weil ich an sich nichts brauch', Kaufen tut gut

Oh, ich kauf' mir was ...

Vor lauter Augenweiden
kann ich mich nicht entscheiden
was muss ich Qualen leiden, oh, was soll ich tun

Oh, ich kauf' mir was ...
(H. Grönemeyer)

Arbeitsaufträge:
1. Erkläre obige Bildreihe mit eigenen Worten! Notiere in Stichpunkten!
2. Lies den Text von Herbert Grönemeyer!
   a) Warum ist Kaufen für uns so wichtig?
   b) Mit welchem Wort kann ein derartiges Verhalten bezeichnet werden?

In vielen Entwicklungsländern arbeiten Menschen für unseren Luxus. Großkonzerne produzieren ihre Waren bevorzugt in diesen Ländern, da dort die Lohn- und Betriebskosten extrem niedrig sind. Der geringe finanzielle Aufwand macht es möglich, die Waren preisgünstig anzubieten und damit konkurrenzfähig zu bleiben.

Abholzen des Regenwaldes

Spritzen einer Plantage

Rissige Erde

Komm, wir teilen, mein Bruder

Komm, wir teilen die Kleidung, mein Bruder.
Wir teilen, was wir haben auf der Welt.
   Kleidung für mich und Lumpen für dich.
   Mir Markenjeans und Lumpen für dich.
   Das ist gut für mich
   und Secondhand für dich.
T-Shirts, Socken und Hemden in Massen,
den Luxus können wir so belassen – für mich.
und einen Kleidertransport, nur eine Spende
   (wenn sie ankommt) – für dich.

Komm, wir teilen die Erde, mein Bruder.
Komm, wir teilen alles verfügbare Land.
   Den reichen Norden für mich,
   den armen Süden für dich.
   Eure Ernte für mich,
   verseuchtes Land für dich.
   Du arbeitest zwar viel,
   aber genießen kann ich.
Spritzmittel, Plantagen, Fabrikanlagen
Wüste und Dürre, zum Ertragen – für dich.
   Und ein bisschen schlechtes Gewissen,
   nur ein leichtes Unbehagen
   (gar nicht sehr oft) – für mich.

(in Anlehnung an: J. E. Stringfellow)

Arbeitsaufträge:
1. Beschreibe obige Bildreihe!
2. Lies den Text!
   a) Wie gehen wir mit Entwicklungsländern um?
   b) Mit welchem Wort könnte ein derartiges Verhalten bezeichnet werden?

Wir erkennen:
Die Bevölkerung in Entwicklungsländern ist Opfer unserer Konsumsucht.
Wir leben auf Kosten anderer!

11.2 Auswirkungen auf die Ernährung

Wir leben in Deutschland in einem Schlaraffenland, das geprägt ist von einem Überangebot an Lebensmitteln. Zu essen gibt es täglich genug – die Auswahl ist grenzenlos: teure Delikatessen, namhafte Markenerzeugnisse, Lebensmittel zu Schleuderpreisen.

Durchschnittlicher Anteil der übergewichtigen Personen in den jeweiligen Altersgruppen:

Arbeitsaufträge:
1. Betrachte obige Abbildungen! Beschreibe unsere Ernährungssituation in eigenen Worten!
2. Das Leben im Schlaraffenland hat auch Schattenseiten. Erläutere!
3. **Informiere dich im Internet,** wie viele Übergewichtige es in den verschiedenen Altersstufen gibt. Es wäre interessant zu wissen, wie viel Geld in der Bundesrepublik oder auch in den USA für Diäten, Abmagerungskuren… ausgegeben wird.

Aufgrund der klimatischen Verhältnisse sind dem Anbau von Genussmitteln, wie z. B. Kaffee, Tee, Kakao und Tabak, in Europa Grenzen gesetzt. Diese Güter beziehen wir – ebenso wie die Südfrüchte – aus den Subtropen. Diese Handelsbeziehungen sind für die jeweiligen Regierungen wichtige Einnahmequellen.

Mayas Speiseplan:

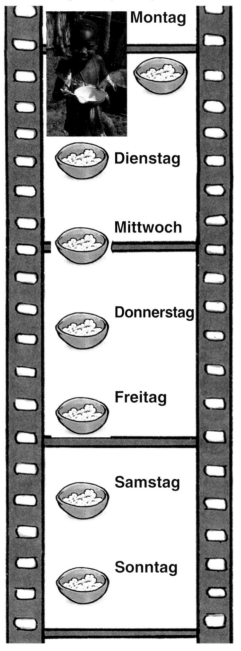

Montag

Dienstag

Mittwoch

Donnerstag

Freitag

Samstag

Sonntag

Wer verdient an den Bananen?

Von einer Banane, die **im Laden 25 Cent kostet**, erhalten die

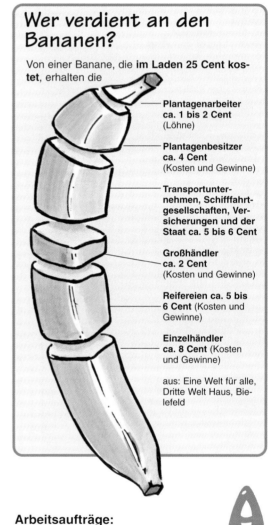

Plantagenarbeiter ca. 1 bis 2 Cent (Löhne)

Plantagenbesitzer ca. 4 Cent (Kosten und Gewinne)

Transportunternehmen, Schifffahrtgesellschaften, Versicherungen und der Staat ca. 5 bis 6 Cent

Großhändler ca. 2 Cent (Kosten und Gewinne)

Reifereien ca. 5 bis 6 Cent (Kosten und Gewinne)

Einzelhändler ca. 8 Cent (Kosten und Gewinne)

aus: Eine Welt für alle, Dritte Welt Haus, Bielefeld

Arbeitsaufträge:
Betrachte die Abbildungen!
1. Beschreibe die Ernährungssituation in Entwicklungsländern!
2. Beispiel Bananenanbau:
   a) Wer profitiert davon wirklich?
   b) Wie wird mit dem Plantagenarbeiter umgegangen?
3. Erkundigt euch im Supermarkt nach der „Transfair-Banane", die seit April 1998 in der Bundesrepublik im Handel ist.

A

Wer mehr wissen will:

Dieses Zeichen steht für fairen Handel mit Entwicklungsländern. Kleinbauern und Plantagenarbeiter bekommen normalerweise nur einen Hungerlohn. Den Hauptgewinn streichen die „Großmarktriesen" der Industrieländer ein.

Transfair ist eine Organisation, die den Produzenten in Afrika, Asien und Südamerika faire Preise für ihre Produkte bietet. Um die Lebens- und Arbeitsbedingungen der Menschen in diesen Ländern zu verbessern, werden zudem gezielt Arbeitsplätze in der Landwirtschaft geschaffen sowie Umweltprojekte ins Leben gerufen.

Transfair-Produkte sind im Vergleich zu entsprechenden Produkten aus herkömmlichem Handel teurer. Eine Tafel Schokolade kostet beispielsweise nahezu das Dreifache. Jedoch kommt dieser Mehrpreis den Kleinproduzenten in Entwicklungsländern zugute, die ansonsten im harten Wettbewerb des Welthandels nicht überleben könnten.

Transfair-Produkte werden üblicherweise in Welt-Läden angeboten. Zunehmend gibt es diese Waren auch in Einzelhandelsketten.

Wir erkennen:

Ich bin so arm, weil du so reich bist.

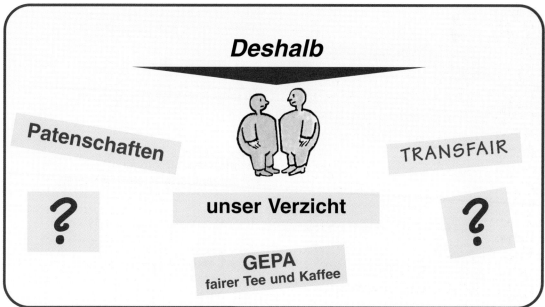

Deshalb

Patenschaften

TRANSFAIR

unser Verzicht

?

?

GEPA
fairer Tee und Kaffee

Für die Industrienationen wäre es sicher kein Problem, Entwicklungsländer bis zur äußersten Grenze auszubeuten. Warum ist uns mit einer derartigen Situation langfristig gesehen nicht gedient?

Zum Nachdenken:

Meine Sorgen

Deine Sorgen

Meine Jeans sind zu eng.

Ich habe Hunger.
Was soll ich essen?

Ich mag keinen Spinat.

Ich lebe in einem Slum.
In unserer Hütte ist es nass.

Die Schule geht mir auf den Geist.

Mein Bruder ist krank. Woher sollen wir das Geld für einen Arzt nehmen?

Alle anderen aus meiner Klasse haben einen MP3-Player. Nur ich nicht.

Auch heute hat mein Vater wieder umsonst nach Arbeit gesucht.

Immer muss ich mein Zimmer aufräumen.

Ich habe Angst, was morgen wird.

Heute Abend ist schon wieder nichts Gescheites im Fernsehen.

Ich habe keine Eltern mehr.
Wer sorgt für mich?

Mein Freund bekommt doppelt so viel Taschengeld wie ich.

Ich halte es bald **nicht mehr aus!**

12 Mahlzeiten gesundheitsbewusst zusammenstellen: ausgewogene Ernährung

Du kannst neu dazulernen,

- Kennzeichen / Merkmale einer ausgewogenen Ernährung herauszustellen,
- alltägliche Mahlzeiten hinsichtlich ihrer Ausgewogenheit zu beurteilen,
- Grünkern als eine Spezialität unter den Getreidesorten kennen zu lernen.

Grünkern-Dip

Grünkern gilt aufgrund seines einmalig würzigen, etwas rauchig-nussigen Aromas als Getreidespezialität unter Feinschmeckern. Diese Sonderstellung unter den Getreidearten ist Überlieferungen zufolge wahrscheinlich Bauern zu verdanken, die aus Furcht vor drohenden Missernten den Dinkel vorzeitig ernteten. Unreif geerntetes Getreide würde aufgrund des hohen Feuchtigkeitsgehaltes rasch schimmeln. Aus diesem Grund wurden die Ähren auf so genannten Darren geröstet – daher der typische Geschmack von Grünkern.

Dip-Soße: 1 Becher Joghurt 1 Becher Sauerrahm 2 EL Walnussöl ½ TL Curry, ½ TL Salz Pfeffer, etwas Senf, 1 EL Dill	Zutaten in einer großen Schüssel verrühren. Dip durchziehen lassen.
100 g Grünkern, eingeweicht (200 ml Wasser) 1 TL Brühpulver	Grünkern aufkochen, bei Nachhitze 15 Min. ausquellen lassen. Grünkern abseihen – kalt überbrausen.
½ Gurke 1 Paprikaschote (rot) 3 EL Mais ½ Dose Krabben, abgeseiht	Gurke schälen, halbieren, entkernen. Gurkenhälften und Paprikaschote würfeln. Gemüse und Krabben mit Grünkern unter die Soße mischen.

Dieses Rezept kann abgewandelt werden: Krabben durch 2 Scheiben gekochten Schinken ersetzen.

Dazu passen:
Pellkartoffeln

4–8 Kartoffeln	Kartoffeln als Pellkartoffeln kochen. Garprobe machen. Pellkartoffeln längs halbieren – mit Grünkern-Dip füllen. Als Tellergericht servieren. Garzeit je nach Größe 45 bis 50 Minuten.

Die Garzeit von Kartoffeln ist immer abhängig von der Sorte und vor allem von der Kartoffelgröße. Um zu überprüfen, ob Pellkartoffeln gar sind, Druckprobe anwenden. Hierfür hält man den Topf leicht schräg – Kartoffeln müssen auf Druck nachgeben.

So erarbeitest du dir einen Wissensvorsprung:

1. Pellkartoffeln mit Grünkern-Dip würden unter Feinschmeckern als Delikatesse eingestuft werden. Erläutere!
2. Pellkartoffeln mit Grünkern-Dip eignen sich hervorragend als Mittagessen an heißen Sommertagen oder als Abendessen. Erläutere!
3. Bringe die Arbeitsschritte in eine sinnvolle Abfolge!
   Grünkern kochen
   Pellkartoffeln kochen
   Grünkern-Dip fertig stellen
   Grünkern einige Stunden vorher einweichen
   Grünkern abseihen und kalt überbrausen
   Dip herstellen
   Gemüse schneiden
   Kartoffeln und Grünkern-Dip anrichten
4. Wie werden Gurken entkernt? Informiere dich auf S. 171!
5. Um festzustellen, ob Kartoffeln gar sind, müssen sie nicht zwangsläufig angestochen werden. Beschreibe!
6. Vergleiche die Ernährungsgewohnheiten von 1950 und 2006!
   a) Welche Unterschiede stellst du fest?
   b) Wann haben sich die Leute gesünder ernährt – 1950 oder 2006? Vermute!

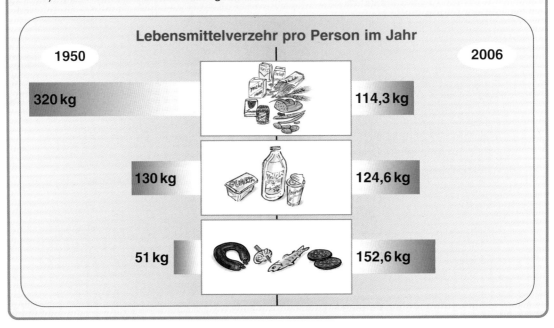

Lebensmittelverzehr pro Person im Jahr

1950		2006
320 kg		114,3 kg
130 kg		124,6 kg
51 kg		152,6 kg

12.1 Lebensmittel und ihr gesundheitlicher Wert

Aufgrund ihrer Inhaltsstoffe und der Wirkung auf den Körper können Lebensmittel grob in drei Gruppen eingeteilt werden:

- ballaststoffreich
- verdauungsfördernd
- sättigend
- gleichmäßige Energielieferung bei stärkehaltigen Nährmitteln
- vitamin- und mineralstoffreich

- hochwertiges Eiweiß für Aufbau und Erneuerung von Körpersubstanz
- Calcium für Knochenfestigkeit

- hochwertiges Eiweiß für Aufbau und Erneuerung von Körpersubstanz
- Eisen für Sauerstofftransport im Blut

- kaum Eiweiß für Aufbau und Erneuerung von Körpersubstanz

- keine Ballaststoffe
- kaum sättigend

- viel verstecktes Fett
  ➡ Übergewicht
  ➡ Herz- und Kreislauferkrankungen
- hoher Cholesteringehalt
  ➡ Arterienverkalkung
  ➡ Gichtgefahr durch Purine

Arbeitsaufträge:
1. Informiere dich über Vor- und Nachteile der jeweiligen Lebensmittelgruppen!
2. Ordne folgende Lebensmittelgruppen den entsprechenden Pfeilen zu. Begründe!

Nimm davon

Wir erkennen:
Die einzelnen Lebensmittelgruppen müssen in einem gesunden Verhältnis zueinander aufgenommen werden. Man spricht dann von einer ausgewogenen Ernährung.

12.2 Ausgewogene Speisenzusammenstellung

Nicht nur die richtige Auswahl der Lebensmittel entscheidet über eine gesunde Ernährung, sondern auch deren Zubereitung. So zählen z. B. Kartoffeln zu den wertvollen Lebensmitteln – als Pommes frites werden sie zur fettreichen Beilage. In Verbindung mit frittierten Calamari wird daraus eine üppige Mahlzeit.

Die Fleischportion macht in einer ausgewogenen Speisenzusammenstellung stets den kleinsten Anteil aus. Gutbürgerliche Gasthäuser werden jedoch nicht selten nach der Größe ihrer Fleischportionen beurteilt. Gemüse- und Salatbeilagen hingegen erfüllen lediglich dekorative Zwecke.

Jede Mahlzeit sollte durch einen Salat, eine Rohkost oder frisches Obst aufgewertet werden. Gemüse, grundsätzlich ein vitamin- und mineralstoffreiches Lebensmittel, verliert durch den Garvorgang an Inhaltsstoffen. Frische Kräuter gleichen die Verluste aus.

In einer ausgewogenen Ernährung gibt es keine verbotenen Lebensmittel wie beispielsweise Schokolade, Torte, Eiscreme und Desserts. Sie tragen mitunter entscheidend zum Wohlbefinden des Menschen bei. Um „ungünstige Nebenwirkungen" zu vermeiden, sollten sie aber ein seltener Genuss sein.

 Arbeitsaufträge:
1. Lebensmittel im richtigen Verhältnis essen – lies dazu obigen Text! Was ist wichtig?
2. Bewerte folgendes Speisenangebot!

Wiener Schnitzel mit Pommes Frites, gemischter Salat mit Joghurtdressing

Eiscreme

plus Salat

Kuchen

Hacksteak mit Bratkartoffeln und Bohnen im Speckmantel

Joghurt für „den kleinen Hunger" zwischendurch!

An der Imbissbude: Gyros mit Zaziki und Fladenbrot

Ristorante PIZZA SALAME

Bedeutung für den Körper:

Wir erkennen:
Eine gesunde Ernährung beinhaltet
- Ausgewogenheit
- fettarme Zubereitung
- Frischkost
- Abwechslung

Herzinfarkt auf Position 1
In den industrialisierten Ländern sterben die meisten Menschen an „Zivilisationskrankheiten". So auch in Deutschland. Von den über 880.000 Sterbefällen des Jahres 1996 waren knapp drei Viertel Folge von Erkrankungen des Herz-/Kreislauf-Systems oder so genannter „bösartiger Neubildungen".
Ganz oben auf der Liste der Todesursachen steht – wie schon seit Jahren – der Herzinfarkt. Etwa jeder zehnte Todesfall wurde im vergangenen Jahr durch aktue Infarkte herbeigeführt.

Bist du fit

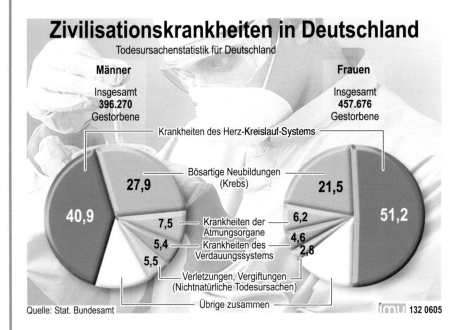

Zivilisationskrankheiten in Deutschland
Todesursachenstatistik für Deutschland

Männer — Insgesamt 396.270 Gestorbene
Frauen — Insgesamt 457.676 Gestorbene

Krankheiten des Herz-Kreislauf-Systems

Bösartige Neubildungen (Krebs)

Männer: 27,9 · 40,9 · 7,5 · 5,4 · 5,5
Frauen: 21,5 · 51,2 · 6,2 · 4,6 · 2,8

Krankheiten der Atmungsorgane
Krankheiten des Verdauungssystems
Verletzungen, Vergiftungen (Nichtnatürliche Todesursachen)
Übrige zusammen

Quelle: Stat. Bundesamt

imu 132 0605

---

1. a) Betrachte obige Abbildung! Was stellst du fest?
   b) In welchem Zusammenhang könnten die Todesursachen mit unserer Ernährung stehen?
2. Erläutere folgendes Zitat im Hinblick auf eine ausgewogene Ernährung!
   „Willst du einem Volk Gutes tun, so nimm ihm seinen Wohlstand." (Seneca)

13 Mahlzeiten gesundheitsbewusst zusammenstellen: Mediterrane Küche

Du kannst neu dazulernen,

- Grundsätze der mediterranen Küche kennen zu lernen,
- die Vorteile der Mittelmeerkost für die Gesundheit herauszustellen,
- Gründe für die Durchhaltbarkeit dieser Ernährungsform abzuleiten,
- moderne Speisen in Bezug auf die mediterrane Ernährung kritisch zu hinterfragen,
- Besonderheiten bei der Zubereitung von Pita zu erfahren.

Überbackene Tomaten mit Feta

100 g Champignons, feinblättrig geschnitten 1 EL Zitronensaft	Champignon-scheiben mit Zitronensaft beträufeln.
1 EL Olivenöl 1 Zwiebel, fein gewürfelt 100 ml Sahne 50 ml Brühe 1 Pr. Muskatnuss, gemahlen 1 Pr. Cayennepfeffer ¼ TL Salz etwas Pfeffer 2 EL Petersilie, gehackt 2 EL Schnittlauchröllchen	Zwiebeln in Olivenöl andünsten, Champignons zugeben. Nach 2–3 Min. Sahne und Brühe zugießen. Soße würzen und in eine Auflaufform geben.
2 große Fleischtomaten (à 200 g) 100 g Feta, in Scheiben geschnitten	Tomaten waschen, halbieren, Strunk entfernen. Tomatenhälften in die vorbereitete Auflaufform setzen, mit Feta belegen. In der vorgeheizten Backröhre 10 Min. backen.
Anrichten: frisches Basilikum Olivenöl	Nach dem Backen mit Basilikumblättern garnieren. Tomaten mit etwas Olivenöl beträufeln.

So wird der Herd eingestellt:

Einschubhöhe	1, Rost		Einschubhöhe	3, Rost
Temperatur	210 °C	**oder**	Temperatur	225 °C, vorgeheizt
Backzeit	10 Minuten		Backzeit	12–15 Minuten

Pita

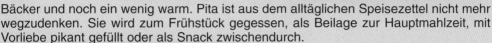

Pita ist ein sehr populäres Brot im vorderen Orient. Am besten schmeckt sie direkt vom Bäcker und noch ein wenig warm. Pita ist aus dem alltäglichen Speisezettel nicht mehr wegzudenken. Sie wird zum Frühstück gegessen, als Beilage zur Hauptmahlzeit, mit Vorliebe pikant gefüllt oder als Snack zwischendurch.

Die runden, flachen Fladenbrote haben in der Mitte ein Luftloch. Schneidet man das Brot durch, entsteht eine Tasche, die ideal zum Füllen ist.

In arabischen Ländern hat jeder Ort kleine Pita-Bäckereien. Im häuslichen Ofen gelingen die Brote nämlich nicht ohne weiteres. Wichtig ist, dass der Ofen vorgeheizt ist, bevor die Brote gebacken werden, da sich sonst keine Luftblase im Inneren des Fladens bildet. Nach dem Backen schlägt man Pita am besten in eine Stoffserviette ein, damit die Luftblase nicht zusammenfällt.

½ Würfel Hefe ½ TL Zucker	Hefe in eine Tasse bröckeln. Zucker zugeben und mit einer Gabel flüssig rühren.
125 g Roggenmehl 125 g Weizenmehl ½ TL Salz 1 EL Olivenöl ca. ⅛ l lauwarmes Wasser	Zutaten in eine Rührschüssel geben, flüssige Hefe zugießen. Mit den Knethaken des Handrührgerätes unter Zugabe von Wasser zu einem glatten, festen Teig verrühren. Schüssel mit einem Geschirrtuch bedecken und im 50 °C vorgeheizten Backofen 15 Min. gehen lassen.
	Teig nochmals durchkneten und in 4 Teile teilen. Daraus Kugeln formen. Diese 1–2 cm dick auswellen. Auf ein Backblech setzen und im vorgeheizten Backofen 10 bis 12 Min. backen.

So wird der Herd eingestellt:

Einschubhöhe	3, Rost		Einschubhöhe	3, Rost
Temperatur	210 °C	**oder**	Temperatur	225 °C, vorgeheizt
Backzeit	10 Minuten		Backzeit	12–15 Minuten

So erarbeitest du dir einen Wissensvorsprung:

1. Lies das Rezept „Überbackene Tomaten" genau durch!
   Welche Vorbereitungsarbeiten müssen bei einzelnen Zutaten erledigt werden?
2. Informiere dich auf S. 170 über die sachgerechte Verarbeitung von Champignons!
3. Warum ist es wichtig, dass der Backofen bei Pita vorgeheizt wird?
4. Welche Einstellung des Backofens (Ober-, Unterhitze oder Umluft) wählst du? Begründe!
5. Die mediterrane Küche ist mittlerweile auch bei uns sehr weit verbreitet:
   a) Welche Lebensmittel sind deiner Meinung nach typische Vertreter dieser Küche?
   b) Weshalb wird die mediterrane Küche als sehr gesunde Küche bezeichnet? Vermute!

13.1 Grundsätze der mediterranen Küche

Die mediterrane Ernährungsweise bezeichnet die Essgewohnheiten der Bevölkerung in den Mittelmeergebieten mit traditionellem Olivenanbau. Dazu zählen vor allem Kreta, das griechische Festland, Teile des Vorderen Orients, Spanien, Südfrankreich und Süditalien.

Obwohl die Ernährung in diesen Ländern keine einheitliche Kostform darstellt, gibt es folgende Gemeinsamkeiten:

Olivenhain von Vincent van Gogh

Hervorzuheben ist der hohe Anteil pflanzlicher Lebensmittel:
Heimisches Obst und Gemüse, Getreideprodukte wie Brot und Nudeln, aber auch Kartoffeln und Hülsenfrüchte bilden die sättigende Grundlage jeder Mahlzeit.

Dementsprechend gering ist der Anteil tierischer Lebensmittel:
Joghurt und Käse werden zwar täglich gegessen, jedoch in kleineren Mengen. Seefisch und Meeresfrüchte haben gegenüber dem Fleisch Vorrang, wobei Geflügel im Gegensatz zu Schwein, Rind oder Lamm häufiger verzehrt wird.

Olivenöl als Hauptfettquelle:
In der täglichen Ernährung ersetzt das Olivenöl nahezu alle anderen Fette, einschließlich Butter und Margarine. Bei der Zubereitung der Speisen wird regelrecht verschwenderisch mit Olivenöl umgegangen. So gehört es quasi zum Anrichten pikanter Speisen, das Essen vor dem Servieren noch einmal großzügig mit Olivenöl zu beträufeln – eine Gepflogenheit, die einem als Deutschen schier den Atem stocken lässt.

Reichliche Verwendung von Kräutern und Knoblauch:
Das unverwechselbare Geschmacksprofil erhalten mediterrane Speisen unter anderem durch die reichliche Verwendung frischer und getrockneter Kräuter. Einen besonderen Stellenwert genießt der Knoblauch. Auch die Verwendung von Peperoni und eingelegten Oliven darf an dieser Stelle nicht unerwähnt bleiben.
Gemäßigter Weinkonsum:
Ein mediterranes Sprichwort besagt, Fisch soll dreimal schwimmen: zuerst im Wasser, dann in Olivenöl und zu guter Letzt in Wein. Hier ist vor allem der Rotwein zu nennen. Ein Glas Wein gehört für die Erwachsenen im Mittelmeerraum zu jedem guten Essen. Dabei steht der Genuss in geselliger Essensrunde im Vordergrund – gegen den Durst wird Wasser getrunken.

Zu betonen ist noch das Lebensgefühl der Bewohner des Mittelmeerraumes. Fest steht, dass Freude an Genuss, Geselligkeit und Kommunikation sowie heitere Gelassenheit wesentliche Elemente mediterraner Esskultur sind. Die Menschen nehmen sich ausgiebig Zeit und zelebrieren ihr Essen dementsprechend.

Arbeitsaufträge:
1. Lies obigen Text genau durch! Welche Grundsätze der mediterranen Ernährung lassen sich ableiten?
2. Stellt die Unterschiede zwischen der mediterranen Ernährung und euren Essgewohnheiten heraus!

13.2 Vorteile der Mittelmeerkost für unsere Gesundheit

International vergleichende Studien ergaben, dass die Anwohner des Mittelmeeres zu den Menschen mit der höchsten Lebenserwartung zählen, insbesondere die Bewohner der Insel Kreta. Eine Reihe von Erkrankungen tritt in diesen Ländern erheblich seltener auf als hier bei uns in Deutschland. Die besondere Ernährung der dort lebenden Menschen wird als Grund dafür angesehen.

In der mediterranen Ernährung wird etwa die Hälfte der gesamten Energiezufuhr in Form von Fett aufgenommen. Dieses Fett ist nahezu ausschließlich Olivenöl. Darin liegt ein entscheidender Vorteil. Durch den hohen Anteil einfach ungesättigter Fettsäuren im Olivenöl wirkt diese Ernährungsform vorbeugend gegenüber Herz-Kreislauf-Erkrankungen wie Bluthochdruck, Thrombosen und Herzinfarkt. Ebenso ist eine schützende Wirkung des Olivenöls bei bestimmten Krebsarten nachgewiesen – der erhebliche Obst- und Gemüseverbrauch verstärkt diese Wirkung. In Kombination mit dem hohen Anteil an Getreideprodukten und Hülsenfrüchten eignet sich die traditionelle Mittelmeerküche hervorragend zum Abnehmen und Schlankbleiben. Darüber hinaus ist sie als Dauerkost für Diabetiker bestens geeignet.

Ferner zeigte sich, dass nicht einzelne Faktoren wie das Olivenöl, der hohe Anteil an Obst und Gemüse oder gar der hohe Fisch- und der geringe Fleischverbrauch die stärksten Effekte erzielen. Vielmehr wird davon ausgegangen, dass sie erst in ihrer Gesamtheit durch ihr Zusammenspiel ihre schützende Wirkung entfalten.

Außerdem sind Südeuropäer mehr an der frischen Luft und haben mehr körperliche Bewegung. Sie lassen sich weniger hetzen, essen oft im Kreis der Familie und schwatzen viel dabei. Die dadurch vermittelte Geborgenheit, das Reden und Ausleben der Gefühle ist für das seelische Wohlbefinden besser als die Probleme einfach hinunterzuschlucken. Eine kurze Mittagspause (Siesta) baut Stress ab und verbessert die Leistungsfähigkeit. Nicht zuletzt hellt das intensive Sonnenlicht auch die Stimmung auf. Dies alles kommt der Gesundheit zugute.

Arbeitsaufträge:
1. Welche gesundheitlichen Vorteile lassen sich durch die traditionelle mediterrane Ernährung ableiten?
2. Warum kann der Zugewinn für unsere Gesundheit erreicht werden, wenn ab und zu ein Salat mit Olivenöl mariniert wird?
3. Welche weiteren Faktoren runden die mediterrane Ernährung im Hinblick auf ihren gesundheitlichen Wert ab?

Wir erkennen:
Die mediterrane Ernährung ist mehr als nur eine Kostform. Sie beschreibt eine Lebenseinstellung.

Wer mehr wissen will:

Die Bedeutung von Rapsöl

Mehrere wissenschaftliche Studien haben ergeben, dass der gesundheitliche Effekt des Olivenöls nur noch durch das Rapsöl erzielt werden kann. Denn beide Öle sind im Vergleich zu allen anderen Pflanzenölen bezüglich ihrer Zusammensetzung der Fettsäuren sehr ähnlich.

Rapsöl ist im Gegensatz zum Olivenöl aber ein heimisches Produkt. Jedem sind im Frühjahr sicher schon die blühenden Rapsfelder mit ihrem intensiv leuchtenden Gelb aufgefallen. Aus den schwarzbraunen Samenkörnern wird im Spätsommer das hochwertige Speiseöl gewonnen. Im Vergleich zum Olivenöl ist das Rapsöl eher geschmacksneutral mit leichtem Nussaroma. So harmoniert das Rapsöl geschmacklich gut mit unseren heimischen Rezepten. Der Qualität wegen sollte beim Einkauf auf kaltgepresstes Rapsöl geachtet werden.

Mehr Informationen und Rezeptideen zu Rapsöl sind unter www.ufop.de zu finden.

Bist du fit ?

Die ursprüngliche Mittelmeerkost unterscheidet sich grundlegend von der heute gängigen Küche für Touristen im Mittelmeerraum. Gesund ist eigentlich die Küche, die in den sechziger Jahren aktuell und im Wesentlichen eher vegetarisch ausgerichtet war. Diese Ernährung wird auch als Kreta-Diät bezeichnet.

Was uns als Urlaubskost oder hierzulande bei einem Restaurantbesuch als mediterrane Esskultur präsentiert wird, entspricht in der Regel eher den deutschen Vorlieben und Essgewohnheiten. Erkennbar ist dies beispielsweise an den übergroßen Fleischportionen beim Griechen, dem beliebten Standardangebot diverser Nudelgerichte mit üppigen Soßen sowie an der mit Salami, Schinken und Käse überladenen Pizza beim Italiener.

Wie müsste die Zusammenstellung einer Mahlzeit im Restaurant nach mediterranen Grundsätzen aussehen? Wählt als Arbeitsgrundlage eine Speise aus nachfolgendem Angebot aus und verändert sie entsprechend!

Gnocchi mit Gorgonzolasoße

Großer gemischter Salat mit Schinken, Käse, gekochtem Ei und Thunfisch

Lasagne Bolognese

Gyros und Souflaki mit Zaziki und Reis

Platte mit gegrilltem Fleisch und Pita

Penne in Tomatensahnesoße mit Lachsfilet

14 Fix und fertig – oder naturbelassen!

Du kannst neu dazulernen,

- dass die Lebensmittelindustrie aufgrund des harten Konkurrenzkampfes Billigrohstoffe verwenden muss,
- dass Lebensmittel während der Herstellung von Fertigprodukten äußerst aufwendig verarbeitet werden,
- dass die Qualität der Produkte durch deren Weiterverarbeitung nicht mehr überprüfbar ist,
- dass übermäßiger Verzehr weiterverarbeiteter Produkte zu gesundheitlichen Risiken führen kann,
- Schnellgerichte selbst herzustellen, ohne dafür vorgefertigte Produkte verwenden zu müssen.

Spaghetti Carbonara

250 g Spaghetti	Nudeln in kochendem Salzwasser „al dente" kochen, abseihen.
100 g Geräuchertes (mager) 100 g Emmentaler oder frischer Parmesan	Geräuchertes fein würfeln, Käse fein reiben.
1 Ei ¼ l Sahne 1 Msp. Paprika etwas Pfeffer	Zutaten in einen Topf geben, unter ständigem Rühren zum Kochen bringen. Nur einmal aufkochen lassen. Vorsicht – brennt leicht an! Topf von der Kochstelle nehmen, Geräuchertes und Käse zugeben. Soße über die Nudeln geben, als Tellergericht servieren.

Feldsalat

etwa 100 g Feldsalat	Feldsalat verlesen und den Wurzelansatz entfernen. Dabei dürfen die Blätter nicht auseinander fallen. Feldsalat gründlich unter kaltem, fließendem Wasser waschen, da er häufig sehr sandig ist.
Marinade: 2 EL Öl	Öl zuerst unter den Salat mengen.
½ Zwiebel 1 Knoblauchzehe, gepresst (nach Belieben) 2 EL Essig 3 EL Wasser Salz, Pfeffer, Zucker	Zwiebel sehr fein würfeln, alle Zutaten mischen. Salat kurz vor dem Verzehr marinieren.

Ein Tipp zum Feldsalat befindet sich auf Seite 40.

So erarbeitest du dir einen Wissensvorsprung:

1. a) Bei unserem Rezept „Spaghetti Carbonara" handelt es sich um ein Schnellgericht. Erkläre!
   b) Nach italienischem Originalrezept werden die Eier für das Nudelgericht nicht durcherhitzt. Warum ist es jedoch ratsam, die Soße einmal aufzukochen?
2. Es ist empfehlenswert, das Gericht mit einem Salat zu ergänzen. Begründe!
3. a) Informiere dich auf S. 170 über die sachgerechte Verarbeitung von Feldsalat!
   b) Was versteht man unter Verlesen? Lies dazu auf S. 168 nach!
4. Essen leicht gemacht: Mit geringem Kochaufwand sind die abgebildeten Spaghetti Carbonara schnell auf den Tisch gebracht. Nimm dazu Stellung!

5. Nicht alle Fertigprodukte sind gleichermaßen bedenklich für die Gesundheit des Menschen. Wie ist dies zu erklären?

14.1   Merkmale stark weiterverarbeiteter Produkte

Lebensmittel, wie sie in der Natur vorkommen, sind für die Herstellung von Fertigprodukten unpraktisch: Sie sind ungleich gewachsen, schmecken je nach Jahreszeit und Anbaugebiet verschieden, sind unterschiedlich lange haltbar ...
Es ist für die Firmen mit einem hohen Risiko verbunden, auf die Eigenart der jeweiligen Lebensmittel einzugehen – deshalb zerlegt man diese. Aus Milch können beispielsweise folgende Bausteine gewonnen werden: Magermilchpulver, Vollmilchpulver, Milcheiweiß, Milchzucker, Milchfett.

Kennzeichen   *Lebensmittelbausteine*

114

Die Einzelbausteine eines Lebensmittels haben wenig gemeinsam mit dem ursprünglichen Lebensmittel. Deshalb kann die Industrie ohne Probleme billige Ausgangsware verwenden, ohne dass der Kunde dies bemerkt. Und was ist billiger als Abfall? Anstelle der teuren Milch wird ganz oder teilweise Molke verwendet – ein Abfallprodukt aus der Käseherstellung. Aus diesem grünlichen Abwasser werden unerwünschte Bestandteile abgetrennt. In der Zutatenliste findet man dann z.B. harmlos erscheinende Begriffe: Molkenerzeugnis, Molkenpulver.

Die Industrie ist mittlerweile in der Lage, Eiweiß aus Schlachtabfällen herauszulösen und weiterzuverarbeiten. Die so gewonnenen Eiweißmassen können beispielsweise Süßigkeiten, Desserts, Pausenriegel und Snacks enorm verbilligen. Außerdem ermöglichen sie die Herstellung von Fleisch- und Fischersatz. Abfallverwertung ist „in", und technisch ist fast alles möglich.

Kennzeichen   *billige Rohstoffe*

Die aufwändige Prozedur der Vorbehandlung überstehen die meisten Lebensmittel nicht unbeschadet. Farb- und Geschmacksverluste müssen mittels aufwendiger Verfahren wieder ausgeglichen werden. Dazu bedient man sich meist künstlicher Aromastoffe aus dem Labor. Diese verursachen bereits in geringer Dosis einen intensiven Geschmacks- und Geruchseindruck. In der Zutatenliste deuten Begriffe wie „Aroma", „Geschmacksverstärker" darauf hin, dass das Produkt geschmacklich „aufgeputscht" wurde.
Dabei besteht ein Aroma niemals aus nur einem Stoff. So sind z.B. am Erdbeergeschmack im Joghurt oder in der Frucht mindestens 324 Stoffe beteiligt, am Kaffeearoma z.B. im Pudding oder in der Schokolade 468 Stoffe beteiligt, am Vanillearoma z.B. im Pudding oder im Quark mehr als 50 Stoffe beteiligt.

Kennzeichen   *Aromen und Geschmacksverstärker*

Ein Fertigprodukt lässt sich jedoch nicht nur aus einem oder zwei Lebensmittelbausteinen herstellen. Hierfür ist eine Vielzahl an Einzelstoffen erforderlich. Produkte, die nach dem Baukastenprinzip zusammengesetzt sind, zeichnen sich stets durch eine extrem lange Zutatenliste aus. Die Länge der Zutatenliste gibt zusätzlich Auskunft über das Ausmaß der industriellen Verarbeitung. Darunter versteht man den Einsatz hoch technisierter Maschinen und biochemischer Prozesse.

Kennzeichen *lange Zutatenliste*

Aus Kostengründen wird bei Fertigprodukten mit echten Lebensmitteln äußerst sparsam umgegangen. Fehlender Geschmack wird durch Aromen und Geschmacksverstärker ausgeglichen. Diese können jedoch nicht über die verschwindend geringe Menge an echten Zutaten hinwegtäuschen.
Damit der Kunde jedoch nichts bemerkt, wird mit billigen Stoffen aufgefüllt. In der Zutatenliste weisen die Begriffe Maltodextrine, Stärke oder modifizierte Stärke auf solche Füllstoffe hin.

Der Inhalt einer „Broccoli-Soße" zeigt dies sehr deutlich. Die geringe Menge an Gemüse könnte der Soße keinen Geschmack geben – Aromastoffe helfen weiter. Damit der Kunde nicht nur Gemüsekrümel und Wasser isst, sorgt modifizierte Stärke für Masse und cremige Beschaffenheit. Die Menge an „Pulver" im Verhältnis zum Gemüseanteil ist immer ein Anzeichen für verwendete Füllstoffe.

Kennzeichen *Füllstoffe*

Fertiggerichte zeichnen sich dadurch aus, dass sie mit geringstem Kochaufwand binnen kürzester Zeit verzehrsfertig sind – und dies, obwohl die Einzelzutaten von Natur aus recht unterschiedliche Garzeiten aufweisen. Ist beispielsweise ein Carbonara-Fix-Produkt innerhalb von 5 Minuten fertig, sind Nudeln normalerweise erst nach 10 Minuten gar. Das heißt, die einzelnen Zutaten müssen biochemisch und thermisch vorbehandelt werden.

Kennzeichen *gleich kurze Garzeiten für unterschiedlichste Zutaten*

Arbeitsauftrag:
Lies die Zutatenliste des folgenden Carbonara-Fixproduktes!
Welche Angaben der Zutatenliste deuten auf die Erkennungsmerkmale stark weiterverarbeiteter Produkte hin?

Zutaten:
Spaghetti (Hartweizengrieß), Sahnepulver, pflanzliche Öle, gehärtet, Käse, Trockeneigelb, geräucherter Bauchspeck mit Nitritpökelsalz, Reismehl, Speisesalz, Gewürze, Geschmacksverstärker Natriumglutamat, Hefeextrakt, Milchzucker, Olivenöl, Milcheiweiß, Molkenerzeugnis, Schmelzsalz Natriumphosphat, Petersilie, Aroma, Maisstärke, Paprikaextrakt. Bauchspeck: 3,5 g

Merke:
Je länger die Zutatenliste eines Produktes ist, desto mehr unnatürliche Zusatzstoffe (Farbstoffe, Aromastoffe, Konservierungsstoffe, …) sind mit aller Wahrscheinlichkeit in dem angebotenen Produkt enthalten.
Achte beim nächsten Einkauf darauf!

14.2 Fabrikfood und mögliche Folgen

Fertigprodukte sind für den Körper auf Dauer nicht unbedenklich. Häufig werden anstelle natürlicher Zutaten künstliche Aromen verwendet. Aufgrund des Geruchs und Geschmacks erwartet der Körper jedoch „echte Lebensmittel". Was im Joghurt wie Erdbeere schmeckt, ist häufig schlichtweg „Aroma". Die geweckten Erwartungen bleiben unerfüllt, der Körper wird betrogen. Rettender Ausweg: noch mehr essen oder auf andere Produkte umsteigen. Um den Teufelskreis mit dem Aromatrick aufrechtzuerhalten, bedarf es einer immer höheren Dosis. Die Aromastoffe werden immer intensiver, immer aufdringlicher. Der Mensch wird zum „Aromaholic". Doch damit nicht genug: „Künstliche Lebensmittel" können den Körper niemals so optimal versorgen, wie dies bei natürlich gewachsenen Lebensmitteln der Fall ist. Bei diesen stimmen Geruch, Geschmack, Inhaltsstoffe und Versorgung des Körpers überein. Trotz aller Forschungen ist es noch nicht gelungen, ein natürliches Lebensmittel hundertprozentig im Labor nachzubauen. Bei Menschen, die sich nahezu ausschließlich von Fertigprodukten ernähren, wurden daher Mangelerscheinungen festgestellt.
Der Ersatz für echte Lebensmittel ist keineswegs immer harmlos. Selbst wenn die einzelnen Stoffe vom Körper gerade noch verkraftet werden – die gesundheitliche Unbedenklichkeit dieser Mixturen kann jedoch keiner garantieren. Man beobachtet nur, dass Allergien und Unverträglichkeitsreaktionen in der Bevölkerung zunehmen. Das Endrisiko trägt der Verbraucher!

Arbeitsaufträge:
1. Warum spricht man im Zusammenhang mit Fabrikfood vom „Aromaholic"?
2. In den Wohlstandsländern zeigen sich – trotz eines Überangebotes an Nahrungsmitteln – in der Bevölkerung Mangelerscheinungen. Womit ist dies zu erklären?
3. Was gilt in der Bevölkerung als Signal dafür, dass der übermäßige Verzehr von Fabrikfood nicht unbedenklich ist? Erläutere!

Wir erkennen:
Stark weiterverarbeitete Produkte sind eigentlich keine natürlichen Lebensmittel mehr!
Je stärker ein Produkt verarbeitet ist, desto ungesünder ist es.

Lebensmittel schmecken nur aus der Natur – pur!

Wer mehr wissen will:

Der Trick mit der Verpackung:

Fertiggerichte präsentieren sich in einer ansprechenden Verpackung. Das Foto des jeweiligen Gerichtes lässt dem Kunden bereits beim Anblick „das Wasser im Mund zusammenlaufen". Dies ist Kaufanreiz genug. Für das Packungsfoto wird das Gericht eigens zubereitet – aus frischen Zutaten bester Qualität. Dagegen handelt es sich beim Packungsinhalt schlichtweg um Fabrikfood. Folgende Abbildung verdeutlicht dies:

Interessanterweise ist dieses Täuschungsmanöver so gut, dass es dem Kunden nicht bewusst wird. Auch der Gesetzgeber verbietet diesen Trick nicht. Zeigen die Hersteller auf dem Foto jedoch mehr, als sich tatsächlich in der Packung befindet, muss diese den Hinweis „Serviervorschlag" tragen.

Bist du fit

Neben den naturbelassenen Lebensmitteln weisen die Produkte der Nahrungsmittelindustrie einen unterschiedlichen Verarbeitungsgrad auf. Wie ist als **zeitgemäßer** und **gesundheitsbewusster** Verbraucher folgendes Angebot zu bewerten?

wenig bearbeitet

naturbelassen

stark bearbeitet

15 Abwechslung durch Saison

Du kannst neu dazulernen,
- dass Grundnahrungsmittel – durch ihre gute Lagerfähigkeit nach der Ernte – das ganze Jahr über zur Verfügung stehen,
- dass Frischgemüse, bedingt durch geringe Lagerfähigkeit, zum Zeitpunkt der Ernte verzehrt werden muss,
- dass Obst- und Gemüseanbau unter naturgegebenen Wachstumsbedingungen die höchste Qualität ergeben und den geringsten Umweltschaden verursachen,
- Sommersalate schmackhaft und sachgerecht zuzubereiten und dabei erlesene Kombinationen der Zutaten kennen zu lernen.

Einhergehend mit der Gesundheits- und Fitnesswelle werden Salate immer beliebter. In aller Regel denkt man dabei hauptsächlich an Eisbergsalat, Gurken, Tomaten und Paprikaschoten – nicht selten als Insalata mista alles in einer Schüssel vereint.

Sommergemüse kann jedoch raffiniert in Form von Salaten kombiniert und präsentiert werden. Im Folgenden ein paar Beispiele:

Sommersalatbuffet

Lollo bionda mit Erdbeeren

1 Lollo bionda	Lollo bionda putzen, Blätter ablösen, unter fließendem Wasser waschen, in mundgerechte Stücke teilen, abtropfen lassen.
125 g Gouda	Käse fein würfeln und unterheben.
Marinade: ½ Zitrone ¹⁄₁₀ l Orangensaft ½ TL Salz 1 Pr. Zucker 1 Pr. Pfeffer 1 EL Walnussöl 3 EL Sonnenblumenöl	Zitronenhälfte auspressen, mit Orangensaft, Gewürzen und Öl verrühren. Salat kurz vor dem Verzehr marinieren, auf einem großen Teller anrichten.
250 g Erdbeeren	Erdbeeren kurz unter fließendem Wasser waschen, Kelchblätter entfernen, vierteln. Erdbeerviertel auf dem Salat verteilen.

Lollo bionda zählt, wie beispielsweise der Endiviensalat, zu den Pflücksalaten – er bildet daher keinen festen Kopf. Die gekräuselten Blätter wirken vor allem in Kombination mit Früchten oder anderen Salatsorten äußerst dekorativ. Aufgrund seines zarten Nussaromas marinieren Salatliebhaber den Lollo bionda bevorzugt mit Walnussöl.

Eisbergsalat in Sahnedressing mit Melone

1 Kopf Eisbergsalat	Salat putzen, waschen und in kleine Stücke reißen.
100 ml Sahne 4 EL Crème fraîche 1 EL Mayonnaise Saft $\frac{1}{2}$ Zitrone 2 EL süßer Senf $\frac{1}{2}$ TL Salz etwas Zucker	Zutaten des Dressings in einer kleinen Schüssel mit dem Schneebesen verrühren. Salat kurz vor dem Verzehr marinieren und auf einer Platte anrichten.
frischer Dill 1 Zuckermelone (Honig-, Galia- oder Kantalupmelone)	Dill fein schneiden und über den Salat streuen. Melone halbieren, Kerne und weiches Fruchtfleisch mit einem Esslöffel entfernen. Mit dem Kugelausstecher aus dem festeren Fruchtfleisch der Melone Kugeln ausstechen und auf dem Salat verteilen.

Es gibt Wasser- und Zuckermelonen. Aufgrund ihres feinen, süßlichen Aromas werden Zuckermelonen immer beliebter. Im Gegensatz zur Wassermelone sitzen die Kerne einer Zuckermelone nicht im Fruchtfleisch, sondern ausschließlich in der Mitte der Frucht. Anzeichen für die Reife einer Zuckermelone ist bei einigen Sorten der eingetrocknete Stiel, um den sich ein kreisförmiger Riss gebildet hat. Bei Druck auf den Blütenansatz muss die Melone einen leicht süßlichen Geruch ausströmen.

Gurkensalat mit Radieschen

2 Salatgurken 1 Bund Radieschen	Gurken schälen, halbieren, entkernen und in Würfel schneiden. Radieschen putzen, waschen und in feine Scheiben schneiden.
Saft einer halben Zitrone etwas Salz, Pfeffer, Zucker 4 EL Sonnenblumenöl	Zutaten in einer Tasse mischen, Salat marinieren und in einer Schüssel anrichten.
Kresse	Kresse abschneiden und über den Salat verteilen.

Tomatensalat mit Basilikum

5–6 Tomaten	Tomaten waschen, Stiel- und Blütenansatz keilförmig herausschneiden, in Scheiben schneiden und anrichten.
2 EL Olivenöl 3 EL Balsamessig 2 EL Wasser $\frac{1}{4}$ TL Salz	Zutaten der Marinade in einer Tasse gut mischen und über die Tomaten geben.
frisches Basilikum	Basilikum waschen, zupfen, wiegen und darüber streuen.

Focaccia

Bei Focaccia handelt es sich um ein italienisches Fladenbrot. Ähnlich wie bei Pizza wird es mit einem einfachen Belag, meist Olivenöl und Kräutern, gebacken. Diese Art des Brotes wurde von Bauern als preiswerte, aber sättigende Mahlzeit empfunden. Heute wird die Focaccia meist als Imbiss gegessen.

1 Würfel Hefe **1 TL Zucker**	Hefe in eine Tasse bröckeln und mit dem Zucker flüssig rühren.
250 g Mehl **½ TL Salz** **Wasser nach Bedarf**	Mehl und Salz in eine Rührschüssel geben. Hefe zugießen. Mit den Knethaken des Handrührgerätes zu einem festen Teig kneten. Dabei lauwarmes Wasser zugießen. Teig 20–30 Min. gehen lassen.
Olivenöl **Salz** **Kräuter der Provence**	Den Teig zu einem Fladen auswellen. Mit den Fingern Dellen in den Teig drücken und mit Olivenöl beträufeln. Salz und Kräuter darauf streuen. Vor dem Backen noch etwa 10 Minuten gehen lassen.

So wird der Herd eingestellt:

Einschubhöhe	2, Blech			Einschubhöhe	2, Blech
Temperatur	180 °C	**oder**		Temperatur	200 °C, vorgeheizt
Backzeit	15 – 20 Minuten			Backzeit	15 – 20 Minuten

So erarbeitest du dir einen Wissensvorsprung:

1. Warum trägt dieses Salatbuffet den Namen „Sommersalatbuffet"?
2. Unser Sommersalatbuffet besteht nicht aus gewöhnlichen Salaten. Was macht die jeweiligen Salate zu etwas Erlesenem?
3. Informiere dich auf den Seiten 171 und 174 über das sachgerechte Vorgehen bei folgenden Arbeitsschritten:
   Waschen und Vierteln der Erdbeeren
   Verarbeiten einer Melone
   Entkernen und Würfeln einer Gurke
4. Das Angebot an Obst und Gemüse ist mittlerweile auch in den Wintermonaten so umfangreich, dass wir das Buffet auch in der kalten Jahreszeit herstellen könnten.
   Nimm dazu Stellung!
5. a) Was ist eine Focaccia?
   b) Was ist auffallend an diesem Rezept?
6. Warum ist die Wassermenge im Rezept nicht genau angegeben? Vermute!
7. Den Hefeteig muss man laut Rezept „gehen lassen". Was ist damit gemeint?

15.1 Das Gemüseangebot im Winter auf dem Prüfstand

Im Winter wird folgendes Gemüse angeboten:

FRISCHGEMÜSE
Erntezeitpunkt = Verzehrszeitpunkt

LAGERGEMÜSE
Erntezeitpunkt ≠ Verzehrszeitpunkt

Soll dieses typische Sommergemüse auch in den Wintermonaten angeboten werden, ist ein hoher Aufwand nötig. Die Wachstumsbedingungen müssen künstlich in Gewächshäusern geschaffen werden. Die Pflanze wird beheizt und belichtet. Trotz alledem ist sie anfälliger als im Sommer und muss häufig gegen Schädlingsbefall gespritzt werden. Zudem mangelt es an UV-Strahlen zur vollständigen Verwertung des Düngers.

Diese Pflanzen sind von Natur aus widerstandsfähiger gegen Regen, Wind und Kälte. Im Freiland angebaut, wird Lagergemüse im Herbst oder Spätherbst geerntet. Aufgrund der hervorragenden Lagerfähigkeit dieser Gemüsesorten kann der Bedarf an Gemüse von November bis März/April gedeckt werden. Die Lagerung ist denkbar einfach: Kühl, aber frostfrei und dunkel muss es sein.

Arbeitsaufträge:
1. Um typisches Sommergemüse auch in den Wintermonaten anbieten zu können, müssen die Wachstumsbedingungen künstlich geschaffen werden. Erläutere!
2. Welche Vorteile hat Lagergemüse im Vergleich zu frischem Treibhausgemüse?
3. Bewerte Lagergemüse und Frischgemüse im Winter hinsichtlich
   ● des Aufwandes bei der Herstellung
   ● des gesundheitlichen Wertes

Wir erkennen:

Frischgemüse im Sommer

Lagergemüse im Winter

bedeutet stets

• beste Qualität
• geringsten Produktionsaufwand

15.2 Leben im Kreislauf mit der Natur

Das Nahrungsangebot der Natur ist nicht das ganze Jahr über gleich. Aufgrund der klimatischen Verhältnisse wachsen bei uns im Winter weder Obst noch Gemüse. Die im Frühjahr und Sommer geerntete Ware ist von Natur aus zum Frischverzehr bestimmt. Erst Obst und Gemüse, das im Spätherbst geerntet wird, ist über die Wintermonate lagerfähig. Die Lagerfähigkeit ist jedoch entscheidend von der Sorte abhängig. Auf diese Weise bietet uns die Natur ganzjährig ein abwechslungsreiches Angebot an Obst und Gemüse. Aus Mangel an Importware, klimatisierten Lagerhallen sowie Gefriertruhen waren die Menschen früher gezwungen, diesen natürlichen Rhythmus zu akzeptieren. Obgleich dies einen Verzicht bedeutete, hatte es Vorteile. Da nicht ständig verfügbar, war jedes Gemüse für sich etwas Besonderes. Die in Zeiten der Entbehrung entstandene Vorfreude hatte stets einen bewussten Genuss des jeweiligen Lebensmittels zur Folge. Somit machten z. B. die langen „Sauerkraut- und Kartoffelmonate" des Winters den ersten Salat im Frühjahr zu einer Delikatesse.

Arbeitsaufträge:
1. Betrachte die Erntezeiten von Frisch- und Lagergemüse. Warum ist es nicht sinnvoll, Lagergemüse bereits zum Zeitpunkt der Ernte zu verzehren?

Erntekalender

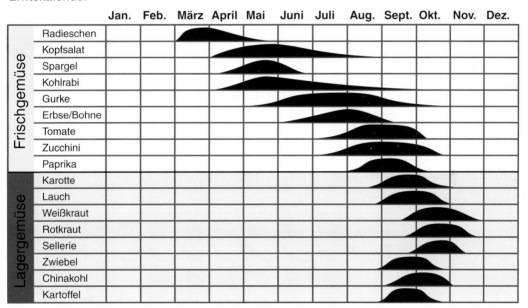

2. Lies nachfolgendes Gedicht!
   Was hat dies mit unserem Thema zu tun?

Ich wohne
im Land der Fülle
im Land des Überflusses
im Land des Habens
im Land des Reichtums

jedoch
der eigentliche
Reichtum
liegt im
Verzicht.

in Anlehnung an:
Andrea Schwarz

Wir erkennen:

gute Wachstumsbedingungen

Im Sommer Frischgemüse

Im Winter Lagergemüse

gute Lagerbedingungen

Im Kreislauf mit der Natur leben heißt:
- abwechslungsreich genießen,
- gesundheitsbewusst essen,
- umweltverträglich leben.

Bist du fit?

1. Wie ist das ganzjährige Angebot an Kiwis und Bananen zu erklären?
2. Einige Firmen nehmen bewusst ihre Produkte für einige Monate vom Markt. Begründet wird diese Sommerpause mit Qualitätserhaltung der Schokolade. Was jedoch ist der eigentliche Zweck dieser Strategie?

Hauptangebotszeiten bzw. Haupterntezeiten von Obst und Gemüse

Obstsorte	Jan.	Febr.	März	April	Mai	Juni	Juli	Aug.	Sept.	Okt.	Nov.	Dez.
Äpfel	●	●	●	●	●	●	●	●	●	●	●	●
Bananen	●	●	●	●	●	●	●	●	●	●	●	●
Erdbeeren				●	●	●	●	●				
Kiwis	●	●	●	●	●	●	●	●	●	●	●	●
Orangen	●	●	●	●	●	●	●	●	●	●	●	●
Zitronen	●	●	●	●	●	●	●	●	●	●	●	●
Zuckermelonen	●	●	●	●	●	●	●	●	●	●	●	●
Zwetschgen						●	●	●	●	●		

Zeichenerklärung:
Monate geringer Angebote — höhere Preise
Monate starker Angebote — günstigere Preise

Hauptangebotszeiten bzw. Haupterntezeiten von Obst und Gemüse

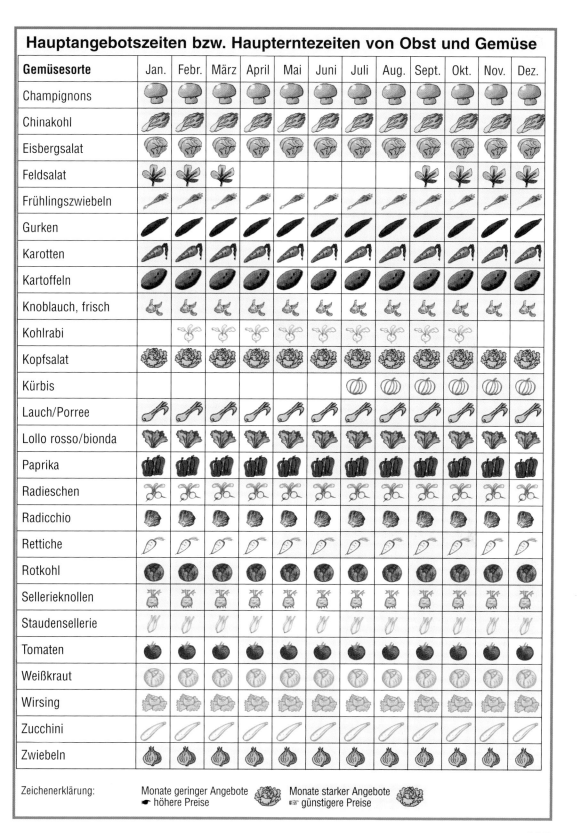

Gemüsesorte	Jan.	Febr.	März	April	Mai	Juni	Juli	Aug.	Sept.	Okt.	Nov.	Dez.
Champignons												
Chinakohl												
Eisbergsalat												
Feldsalat												
Frühlingszwiebeln												
Gurken												
Karotten												
Kartoffeln												
Knoblauch, frisch												
Kohlrabi												
Kopfsalat												
Kürbis												
Lauch/Porree												
Lollo rosso/bionda												
Paprika												
Radieschen												
Radicchio												
Rettiche												
Rotkohl												
Sellerieknollen												
Staudensellerie												
Tomaten												
Weißkraut												
Wirsing												
Zucchini												
Zwiebeln												

Zeichenerklärung: Monate geringer Angebote   Monate starker Angebote
➥ höhere Preise   ☞ günstigere Preise

16 Fleisch aus der Region

Berner Würstchen

4 Wiener 2 Scheiben Käse (Gouda, Emmentaler) 8 Scheiben Räucher- bauch Zahnstocher	Wiener und Käse längs halbieren. Käse zwischen die Wienerhälften legen. Von beiden Seiten

jeweils mit einer Scheibe Räucherbauch umwickeln und mit Zahnstocher feststecken.

Dieses Rezept kann abgewandelt werden:
Räucherbauch durch Lachsschinken ersetzen

Einschubhöhe	2, Rost
Temperatur	175 °C
Backzeit	20 Minuten

 oder

Einschubhöhe	2, Rost
Temperatur	200 °C, vorgeheizt
Backzeit	15 Minuten

Kartoffelpüree

500 g Kartoffeln 1 Pr. Salz	Kartoffeln waschen, schälen und vierteln. So viel Wasser zugeben, dass die Kartoffeln knapp damit bedeckt sind, salzen. Nach dem Aufkochen bei mäßiger Hitze 20–25 Min. garen.
Milch wenig Salz 1 Pr. Muskat	Kartoffeln abgießen. Mit dem Rührbesen des Handrührgerätes von Hand kurz durchstampfen. Anschließend auf höchster Stufe zu breiartiger Masse verrühren. Salz und Muskat zugeben. Unter Rühren so viel Milch zugießen, bis das Püree von lockerer, cremiger Beschaffenheit ist.

Das Püree wird dann klumpenfrei, wenn die Kartoffeln gut durchgegart sind und die Milchzugabe erst nach dem „trockenen" Verrühren der Kartoffeln erfolgt. Zu langes Rühren macht das Kartoffelpüree zäh! Werden die Kartoffeln nach dem Abgießen gleich im Kochtopf weiterverarbeitet, spart dies nicht nur Geschirr – die Speise kann bei zugedecktem Topf auch einige Minuten warm gehalten werden.

So erarbeitest du dir einen Wissensvorsprung:

1. Kartoffelpüree kann Zeit sparend und einfach unter Verwendung eines Fertigproduktes hergestellt werden. Was spricht jedoch dafür, Kartoffelpüree selbst herzustellen?
2. Im Rezept Kartoffelpüree fehlt bei der Milch die Mengenangabe. Begründe!
3. In beiden Fällen wird die gleiche Menge Salzkartoffeln gekocht. Auf welche Weise sparst du Energie? Begründe:

4. a) Fleisch und Wurstwaren gibt es mittlerweile, verbraucherfreundlich abgepackt, in jedem Großmarkt. Der Kunde macht zunehmend mehr Gebrauch von diesem umfangreichen Angebot. Welche Vorteile sind mit diesem Warenangebot verbunden?

   b) Daneben gibt es aber eine Reihe von Verbrauchern, die Fleisch und Wurst grundsätzlich im Fleischerfachgeschäft kaufen. Warum wohl?

16.1 Fleisch und Fleischwaren im Kreuzfeuer der Kritik

Arbeitsauftrag:
Informiert euch bei gegebenem Anlass im Internet über einen aktuellen Lebensmittelskandal. Gebt dazu über eine Suchmaschine den Begriff „Lebensmittelskandal" ein!

Kaum eine Lebensmittelbranche ist mehr von Skandalen gebeutelt als die Hersteller von Fleisch und Wurstwaren. Es vergeht nahezu kein Jahr, in dem nicht eine Tierart in Verruf gerät. Die entsprechenden Erzeuger und Fleischlieferanten verzeichneten daraufhin enorme Einbußen. Der drastische Preisverfall bringt viele spezialisierte Betriebe an den Rand ihrer Existenz. Der Kunde ist verunsichert und verliert das Vertrauen in die Fleisch verarbeitende Industrie. Und dazu hat er meist auch allen Grund.

Fleischlager in Belgien

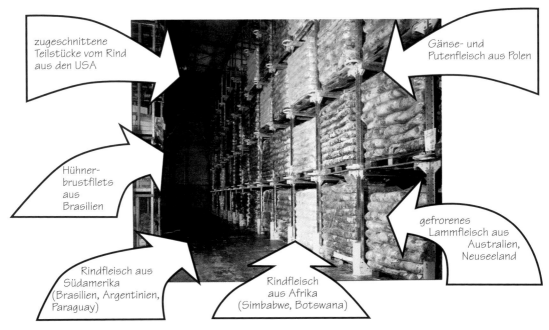

zugeschnittene Teilstücke vom Rind aus den USA

Gänse- und Putenfleisch aus Polen

Hühner-brustfilets aus Brasilien

gefrorenes Lammfleisch aus Australien, Neuseeland

Rindfleisch aus Südamerika (Brasilien, Argentinien, Paraguay)

Rindfleisch aus Afrika (Simbabwe, Botswana)

Ehrlicherweise muss sich der Verbraucher aber auch eingestehen, dass er mit seiner Vorliebe für saftige Rindersteaks, zarte Schweinemedaillons und magere Schnitzel von der Putenbrust Fleischlieferanten vor Probleme stellt. Von jeder Tierart nur das Beste – zu Spottpreisen und in unbegrenzter Menge! Dieser Anspruch des Verbrauchers macht Fleischimporte aus aller Welt unumgänglich.

Um die geforderten Mengen an Fleisch verarbeiten zu können, bedarf es leistungsfähiger Betriebe: Fleischfabriken. Nur mithilfe großer Maschinen und hoch technisierter Anlagen ist es machbar, Unmengen an Fleisch kundengerecht zu verarbeiten. Derartige technische Möglichkeiten eröffnen andererseits dem Missbrauch Tor und Tür. Minderwertige Ware kann, ohne dass der Kunde dies bemerkt, beigemischt werden.

Arbeitsauftrag:
Beurteile die Produkte der Fleischwarenindustrie im Hinblick auf
- Herkunft,
- Verarbeitung,
- Qualität.

Wer mehr wissen will:

Knochenmus in Billigwurst

Einen kostenintensiven Vorgang bei der Fleischgewinnung stellt das Entbeinen dar. An den Knochen bleiben nach dem Abtrennen der großen Fleischstücke immer noch Fleischreste haften. Um die Lohnkosten der Knochenputzer einzusparen, wird von den Fleischfabriken zunehmend maschinell entbeint. Hierzu dienen die so genannten Hartseparatoren. (...) In derartigen Separatoren wird das Knochenmaterial so lange zertrümmert und mit Wasser verdünnt, bis ein fließfähiger Brei entsteht. Mit einer Zentrifuge wird dann ein Homogenat mit den Fleischresten abgetrennt. Darin sind aber nicht nur Fleisch, sondern auch Wasser und Knochenmus enthalten. Dieses „Fleisch-Homogenat" wird vor allem Billigwurst zu 10 Prozent zugesetzt. Damit benötigen die Fleisch verarbeitenden Fabriken weniger teures Muskelfleisch, sodass sich die Rohstoffkosten für die Wurstwaren senken. (...) Der Verzehr dieser Wurst kann dem Kunden auch in gesundheitlicher Hinsicht teuer zu stehen kommen. In den Knochen der Tiere lagern sich vermehrt Umweltgifte und Medikamente ab. (...) Wurst, die mit dem oben beschriebenen Brei hergestellt wurde, enthielt beispielsweise sechsmal so viel Blei und doppelt so viel Cadmium wie Wurst, die nach traditionellem Handwerksbrauch hergestellt wurde. (...) Kennzeichnungspflicht gibt es keine. Es ist schlicht „Fleisch".
(aus: Iss und stirb S.122)

Wir erkennen:

Wirkliche Qualität der Ausgangsware sowie die Länge der Transportwege bleiben dem Kunden verborgen. Er hat letztendlich keine Möglichkeit, das, was er isst, zu kontrollieren.

16.2 Fleischverarbeitung nach bewährter Tradition

Im Gegensatz zur Fleisch verarbeitenden Großindustrie genießen kleine Metzgereien einen beträchtlichen Vertrauensvorschuss bei den Kunden. Hauptursache dafür ist vor allem die Durchschaubarkeit des Produktionsablaufes. Dies beginnt bereits beim Einkauf der Tiere. Die Metzgereibetriebe beziehen ihr Schlachtvieh nahezu ausschließlich von Bauern aus der Umgebung. Metzger und Landwirt kennen sich meist persönlich – Qualität ist Ehrensache. Aufgrund des begrenzten Einzugsgebietes sind die Transportwege sehr kurz. Die Tiere können noch am selben Tag im eigenen Betrieb geschlachtet und verarbeitet werden.

Da hoch spezialisierte Maschinen für kleinere Metzgereien unerschwinglich sind, muss die Technik durch Handwerkskunst ersetzt werden. Nur von einwandfreien Rohstoffen lässt sich auf diese Art und Weise ein wohlschmeckendes Ergebnis erzielen.

Es kann durchaus vorkommen, dass Metzgereifachbetriebe nicht immer jeden Kundenwunsch erfüllen können. Dies ist positiv zu bewerten. Ist es doch ein Zeichen dafür, dass Angebotslücken nicht durch Importe gedeckt werden. Besonders wertvolle Fleischstücke, wie z. B. Lende, die pro Tier nur zweimal vorhanden sind, müssen aus diesem Grund vorbestellt werden.

Im Gegensatz zur Fleischfabrik ermöglicht der Metzgereifachbetrieb dem Kunden Einblick in den Produktionsablauf. Wer nichts zu verbergen hat, wird dem Verbraucher auch bereitwillig Auskunft über Herkunft und Verarbeitung des Fleisches erteilen. Nicht zuletzt gewinnt der Kunde beim Betreten der Geschäftsräume einen Hygieneeindruck. Dies erlaubt Rückschlüsse auf die Arbeitsweise der betroffenen Metzgerei.

Arbeitsauftrag:
Fleisch und Wurstwaren vom Metzgereifachgeschäft aus der näheren Umgebung:
Beurteile die Ware hinsichtlich
● Herkunft,
● Verarbeitung,
● Qualität.

Wir erkennen:

Produkte aus der näheren Umgebung ermöglichen dem Kunden eine Qualitätskontrolle, da der Produktionsablauf vor Ort stattfindet.

wo mein Fleisch wohl herkommt?

Bist du fit ?

Schlachtvieh in dieser Woche:
Rind: Bauer Ehrmann Lenkermühle
Schwein: Bauer Imhof Kirchendemenreuth
Bauer Schiml Obersdorf

1. Derlei Angaben findet man immer häufiger in Metzgereifachbetrieben. Inwiefern eröffnet sich dadurch für den Kunden eine Kontrollmöglichkeit?
2. Der Kauf von Produkten aus der näheren Umgebung stärkt den regionalen Wirtschaftsraum. Erläutere!

130

Tomaten mit Hackfleischfülle

Fleischteig: **1 alte Semmel** **½ Zwiebel** **1 Knoblauchzehe** **150 g Hackfleisch** **Salz und Pfeffer** **Basilikum und Oregano**	Semmel einweichen. Zwiebel und Knoblauch fein hacken. Semmel ausdrücken. Alle Zutaten mit sauberen Händen verkneten, würzen und abschmecken.
4 mittelgroße Tomaten	Tomaten waschen und oben einen kleinen Deckel abschneiden. Mit einem Teelöffel vorsichtig aushöhlen. Das Fruchtfleisch sofort in eine Auflaufform geben, evtl. zerkleinern. Die ausgehöhlten Tomaten mit dem Hackfleischteig bis oben füllen, Deckel darauf setzen und in die Auflaufform geben.
½ Becher Sahne **3 EL Schmand** **⅛ l Brühe** **Salz und Pfeffer** **Basilikum**	Alle Zutaten in einem Becher mischen und in die Auflaufform gießen.
½ Baguette oder **2 Semmeln**	In dünne Scheibchen schneiden, zwischen die Tomaten setzen und in den Backofen schieben.
	Gefüllte Tomaten heiß servieren. Dazu reicht man Weißbrot.

So wird der Herd eingestellt:

Einschubhöhe	mittlere Schiene		Einschubhöhe	mittlere Schiene
Temperatur	200 °C	**oder**	Temperatur	220 °C, vorgeheizt
Backzeit	30 Minuten		Backzeit	ca. 30 Minuten

So erarbeitest du dir einen Wissensvorsprung:

Warum kann unsachgemäßer Umgang mit Hackfleisch zu ernsthaften gesundheitlichen Problemen führen?

Verwendung von Hackfleisch:
- Frisch durchgedrehtes, **rohes,** unverpacktes Hackfleisch darf dein Metzger nur am **Tag der Herstellung** verkaufen.
  Nach dem Einkauf das Hackfleisch sofort im **Kühlschrank** aufbewahren.
- Hackfleisch stets am Tag des Einkaufs verwenden oder sachgerecht einfrieren.

Ungarische Gulaschsuppe

250 g Rindfleisch (Schulter, Wadenfleisch) **2 Zwiebeln** **1 grüne Paprikaschote** **2 Kartoffeln**	Rindfleisch in 1 cm große Würfel schneiden, Zwiebeln in Halbringe schneiden, Paprikaschote und Kartoffeln würfeln.
2 EL Fett **2 EL Tomatenmark** **¾ l Brühe**	Fleischwürfel in <u>heißem Fett scharf</u> anbraten. Zwiebeln, Paprika und Kartoffeln zugeben, <u>kurz</u> mitbraten. Tomatenmark hinzugeben und leicht mit andünsten lassen. Mit Brühe ablöschen.
1 Knoblauchzehe, gepresst **½ TL Rosmarinpulver** **½ TL Majoran** **1 TL Paprikapulver, edelsüß** **½ TL Salz** **etwas Cayennepfeffer** **Schale einer halben unbehandelten Zitrone**	Knoblauch und Gewürze zugeben. Garzeit: 1 bis 1½ Stunden. Garzeit im Dampfdrucktopf: 30 Min.

Entscheidend für die Geschmacksgebung ist die Art der Zubereitung, nämlich das Schmoren. Typisch hierfür ist ein starkes Anbräunen in heißem Fett. Dabei bilden sich die äußerst geschmacksgebenden Röst- und Aromastoffe. Erkennbar ist dies am rundum gut gebräunten Fleisch und dem Bratensatz am Topfboden (= Bratenfond), vergleiche hierzu auch Seite 27!

So erarbeitest du dir einen Wissensvorsprung:

1. Welche Zutaten sind für die Bezeichnung „ungarisch" verantwortlich?
2. Bei der ungarischen Gulaschsuppe handelt es sich um ein Schmorgericht.
   a) Stelle typische Merkmale des Schmorens heraus!
   b) Was versteht man unter dem Fachbegriff „ablöschen"? Informiere dich gegebenenfalls auf Seite 168!
   c) Welches Fett verwendest du zum Schmoren? Begründe!

Linguine al pesto genovese

(Linguine = flache Spaghetti)

Pesto: **frische Basilikumblätter** **(1 Topf)** **2–3 EL Parmesan oder** **Pecorino** **2–3 EL Pinienkerne** **2 Knoblauchzehen** **¼ TL Salz** **¹⁄₁₆ l Olivenöl**	Alle Zutaten mit dem Mixaufsatz der Küchenmaschine oder dem Pürierstab zerkleinern.
250 g junge grüne Busch-bohnen **1 große Kartoffel**	Enden der Bohnen knapp abschneiden. Bohnen einmal durchschneiden. Kartoffel waschen und in kleine Würfel schneiden.
knapp 3 l Wasser **knapp 1 EL Salz**	Wasser mit Salz zum Kochen bringen, Bohnen und Kartoffeln zugeben. Alles 10 Minuten kochen.
250 g Linguine	Nudeln zugeben. In der Zwischenzeit eine hohe Servierschüssel im Backofen bei 100 °C warm halten. 2 Minuten vor Ende der Garzeit auf der Nudelpackung einen Schöpfer Nudelwasser in die vorgewärmte Schüssel geben und mit dem Pesto verrühren. Nudeln samt Bohnen und Kartoffeln abseihen, <u>nicht überbrausen</u>. Alles mit dem Pesto in der Schüssel vermengen und sofort servieren.

So erarbeitest du dir einen Wissensvorsprung:

1. Linguine al pesto genovese: Stelle Besonderheiten dieses Nudelgerichtes heraus!
2. Welche Aufgabe erfüllt die Kartoffel in dieser „Nudelsoße"?
3. Warum darf die Nudel-Bohnen-Kartoffelmischung nach dem Abseihen keinesfalls überbraust werden? Vermute!
4. Es ist wichtig, dass in der Endphase des Gerichtes zügig gearbeitet wird – warum wohl?

Blätterteigtaschen,
gefüllt mit Salami und Käse

Blätterteig
- ist ein **zuckerfreier** Teig und deshalb für süßes und salziges Gebäck vielseitig verwendbar
- ist sehr **fettreich**

Bei der Herstellung von Blätterteig wird kalte Butter schichtweise in den Teig eingearbeitet. Dies bezeichnet man als **„Tourenschlagen"**. Der Vorgang ist **sehr zeitaufwändig**.
Zahlreiche Butter- und Teigschichten sowie das Einschlagen von Luft bewirken das „Blättrigwerden" des Teiges.
„Fertigblätterteig" ist **gebrauchsfertig** in allen Lebensmittelgeschäften in **Plattenform** oder als Rolle sehr **günstig** erhältlich.

Füllung:

1 EL Öl	Zwiebel hacken und im heißen Öl glasig dünsten.
½ Zwiebel	Salami fein schneiden, zugeben und kurz anschmoren.
150 g Salami	Emmentaler würfeln, zufügen und kurz unterheben.
150 g Emmentaler	Pfanne von der Herdplatte nehmen.

Blätterteig:

1 Pck. Fertigblätterteig	Blätterteigplatten auseinander teilen.
1 Ei	Ei trennen. Teigränder mit Eiweiß bestreichen. Füllung gleichmäßig auf den Teigstücken verteilen. Taschen zuklappen, die Ränder mit einer Gabel zusammen drücken.
	Teigstücke mit Eigelb besteichen und in den vorgeheizten Backofen schieben.

Die gebackenen Blätterteigtaschen heiß servieren.
Dazu passt Salat.

So wird der Herd eingestellt:

Einschubhöhe	mittlere Schiene		Einschubhöhe	mittlere Schiene
Temperatur	200 °C	**oder**	Temperatur	220 °C, vorgeheizt
Backzeit	15 – 20 Minuten		Backzeit	15 – 20 Minuten

So erarbeitest du dir einen Wissensvorsprung:

1. Für unser Gebäck verwenden wir Fertigblätterteig! Begründe!
2. Überlege! Welches Blätterteiggebäck kennst du?

Pizzafladen „Margherita"

Pizza, in Neapel beheimatet, war ein typisches „Armeleuteessen". Der Hefefladen wurde ursprünglich mit Kräutern, etwas Olivenöl und allenfalls ein paar Sardellen äußerst sparsam belegt.
Während eines Besuches des italienischen Königspaares im Juni 1889 in Neapel wurde die Pizza hoffähig. Um sich volksnah zu geben, bestellte das Herrscherpaar die einfache Speise. Der Pizzabäcker bemühte sich, etwas Besonderes daraus zu machen: Er belegte den Hefefladen in den Farben der italienischen Flagge mit Tomaten, Mozzarella und frischen Basilikumblättern. Noch heute trägt die Pizza „Margherita" den Vornamen dieser Königin.

Hefeteig: 1/2 Würfel Hefe 1/2 TL Zucker	Hefe in eine Tasse bröckeln und mit dem Zucker flüssig rühren.
200 g Mehl 1/2 TL Salz 1 TL Olivenöl knapp 1/8 l lauwarmes Wasser	Zutaten der Reihe nach in eine große Rührschüssel geben, gelöste Hefe zugeben. Teig so lange kneten, bis er sich vom Schüsselrand löst und völlig gleichmäßige Beschaffenheit hat. Den Teig zu 4 Fladen ausrollen und auf ein vorbereitetes Blech legen.
Tomatenpassata: 250 g Tomatenpüree 1 EL Olivenöl 1 Knoblauchzehe, gepresst 1 EL Tomatenmark 1 TL Kräuter der Provence 1/2 TL Salz etwas Cayennepfeffer	Alle Zutaten in eine Schüssel geben, vermischen. Tomatenpassata auf den Pizzafladen verteilen.
125 g Mozzarella	Mozzarella in Scheiben schneiden und auf die vorbereiteten Pizzafladen legen, backen.
frisches Basilikum, gehackt	Die fertige Pizza mit frischem Basilikum bestreuen, servieren.

So wird der Herd eingestellt:

Einschubhöhe	2, Blech		Einschubhöhe	2, Blech
Temperatur	200 °C	**oder**	Temperatur	220 °C, vorgeheizt
Backzeit	15 – 20 Minuten		Backzeit	15 Minuten

Mozzarella ist ein italienischer Frischkäse. Ursprünglich aus Büffelmilch gewonnen, wird er heute nahezu ausschließlich aus Kuhmilch hergestellt. Der Frischkäse wird gekocht, geformt, portioniert und beim Verpacken in Salzlake eingelegt. Typisch für diesen Käse ist seine elastische Beschaffenheit und die blättrig-faserige Struktur. Mozzarella hat wenig Eigengeschmack und kann daher vielseitig eingesetzt werden, z. B. für Vorspeisen, Salate, zum Überbacken.

So erarbeitest du dir einen Wissensvorsprung:

1. Informiere dich über die Entstehungsgeschichte der Pizza „Margherita"!
2. Bei Pizzafladen „Margherita" handelt es sich um ein Schnellgericht. Erkläre!
3. Kenner und Genießer schätzen Mozzarella als Pizzabelag. Erläutere!

Vegetarischer Brotaufstrich

500 g Kartoffeln	Kartoffeln waschen, schälen, vierteln und im Dämpfeinsatz des Dampfdrucktopfes garen. Garzeit im Dampfdrucktopf: 10 Min., 2. Ring → Intensivgaren. Gegarte Kartoffeln in eine Rührschüssel geben. Noch heiß mit dem Handrührgerät zu einem Kartoffelbrei verrühren.
2 Zwiebeln **1 Knoblauchzehe**	Zwiebeln schälen, fein würfeln, Knoblauchzehe pressen.
½ Becher Sauerrahm **Salz, Pfeffer** **Kräuter, fein gewiegt** **Schnittlauchröllchen**	Sauerrahm mit Gewürzen, Kräutern und den restlichen Zutaten unter die Kartoffelmasse mischen.
einige Scheiben Brot **Tomatenachtel** **Petersilie**	Brotscheiben mit der Masse bestreichen, mit Tomatenachteln und Petersilie garnieren.

So erarbeitest du dir einen Wissensvorsprung:

1. Der vegetarische Brotaufstrich ist eine preiswerte und gesunde Zwischenmahlzeit. Erkläre!
2. Grundlage des Brotaufstriches ist eigentlich ein Kartoffelbrei. Die Kartoffeln können hierfür entweder in Salzwasser oder im Dämpfeinsatz gegart werden. Aus welchen Gründen sollte der Dämpfeinsatz bevorzugt werden?
3. Welche Kräuter würden geschmacklich zum vegetarischen Brotaufstrich passen und lassen sich im Schulgarten anbauen?

Bunte Fleischspieße mit Basmati-Reis

Basmati-Reis ist eine der edelsten und teuersten Langkornreissorten. Er stammt aus Indien, dem Land der Gewürze und des Reises. Übersetzt heißt Basmati **„Der Duftende",** da er beim Garen einen zart nussigen Duft verströmt.

Fleischspieße:

2 dicke Putenschnitzel	Putenschnitzel säubern, trocken tupfen und in ca. 2,5 cm große Würfel schneiden.
1 kl. Zucchini **1 rote Paprikaschote** **½ Zwiebel**	Gemüse waschen und putzen. Zucchini in 1 cm dicke Scheiben schneiden. Paprika in grobe Stücke zerteilen. Zwiebelschichten voneinander trennen.
Salz **Pfeffer** **Paprika** **Thymian**	Alle Zutaten abwechselnd auf Holzspieße stecken und würzen.
3 EL Butterschmalz	In heißem Fett von allen Seiten anschmoren.
	Dazu passt Basmati-Reis und Asiasauce süß-sauer.
	Garzeit: 20 – 30 Minuten

Basmati-Reis, gedämpft

200 g Basmati-Reis **1 TL Salz** **450 ml Wasser** **1 TL Öl**	Reis einem Sieb unter fließend kaltem Wasser gründlich waschen. Reis mit Salz in einen kleinen Topf geben und 3 cm hoch mit **kaltem Wasser** bedecken. Öl zugeben und auf mittlerer Stufe zum Kochen bringen.
	Den Reis leicht weiter köcheln lassen, bis das Wasser den Reis nur noch **leicht bedeckt,** dann **zugedeckt** auf kleinster Stufe 10 Minuten ausquellen lassen. Topf ab und zu leicht rütteln.
	Vor dem Servieren den Reis noch 5 Min. im Topf ruhen lassen.

Fleischteige oder Braten lassen sich nach dem Garen besser schneiden, wenn sie in der ausgeschalteten Backröhre (= Nachhitze) noch 5 – 10 Minuten ruhen können. Dabei zieht der Fleischsaft in das Fleisch ein – es ist beim Schneiden formstabiler und saftiger.

Pusztapfanne

2 EL Öl 1 Schnitzel von Schwein, Pute oder Kalb 1 Zwiebel, fein geschnitten	Fleisch in 1 cm breite Streifen schneiden, in heißem Fett anbraten. Zwiebeln zugeben, anbräunen lassen.
1 – 2 Karotten, in Scheiben geschnitten 1 Paprikaschote, gewürfelt 6 Senfgurkenscheiben, geschnitten 2 Knoblauchzehen, gepresst 1 – 2 Peperoni (mild-pikant), in feine Scheiben geschnitten	Die zerkleinerten Zutaten zugeben, kurz mit andünsten.
4 EL Gurkenflüssigkeit $\frac{1}{8}$ l Brühe 2 EL Tomatenmark etwas Salz	Mit Gurkenflüssigkeit und Brühe aufgießen, Tomatenmark und Salz zugeben. Garzeit: 30 Min.
$\frac{1}{2}$ Becher süße Sahne 1 EL frischen Dill (ersatzweise $\frac{1}{2}$ EL getrockneten Dill)	Sahne unterrühren, nicht mehr kochen lassen! Mit Dill bestreuen.

Dieses Rezept kann abgewandelt werden:
Gemüse durch ein Glas Pusztasalat ersetzen.

So erarbeitest du dir einen Wissensvorsprung:

1. Welche Zutaten sind für den Namen „Pusztapfanne" verantwortlich?
2. Anstatt äußerst zeitaufwändig das Gemüse zu schneiden, könnte ein Glas Pusztasalat verwendet werden. Was spricht dafür, das Gemüse selbst zu schneiden?
3. Warum ist es sinnvoll, in dieser Reihenfolge vorzugehen?
   Alle Zutaten schneiden ⇒ anbraten ⇒ aufgießen ⇒ garen

Hackfleischtopf

2 EL Öl **1 Zwiebel,** **250 g Hackfleisch**	Zwiebel würfeln, in Öl glasig dünsten. Hackfleisch anbräunen, Gemüse zugeben, kurz mitdünsten.
1 Stange Staudensellerie, **in Scheiben geschnitten** **1 Karotte, in Scheiben** **geschnitten** **3 – 4 EL Erbsen,** **(Tiefkühlware)**	
¾ l Brühe **2 EL Tomatenmark** **1 EL Senf, mittelscharf** **1 TL Paprikapulver, edelsüß** **¼ TL Salz**	Mit Brühe aufgießen, Tomatenmark und Senf unterrühren, würzen.
250 g Hörnchennudeln	Gericht <u>aufkochen</u> lassen. Nudeln zugeben, umrühren, Hitze stark drosseln. Bei geschlossenem Topf fertig garen. Garzeit siehe Packungsanleitung der Nudeln.
1 Becher Sauerrahm **Kresse**	Sauerrahm mit Kresse verrühren, als Tuff auf die angerichtete Speise geben.

So erarbeitest du dir einen Wissensvorsprung:

1. Die Zubereitung des Hackfleischtopfes ist mit geringem Zeit- und Arbeitsaufwand verbunden. Erläutere!
2. Welche Arbeiten im Rezept müssen unbedingt vor dem Anbraten erledigt werden?
3. Warum ist es wichtig, dass die Nudeln in das kochende Gericht gegeben werden?
4. Informiere dich auf Seite 172 über die sachgerechte Verarbeitung von Staudensellerie!

Hähnchencurry, indisch

250 g Hähnchenbrustfilet	Hähnchenbrustfilet <u>gründlich waschen, trockentupfen</u> und in 2 cm große Würfel schneiden. <u>Spüle und Arbeits-geräte</u> anschließend <u>gründlich mit heißem Wasser und Spülmittel reinigen, Tücher sofort zum Waschen ge-ben!</u>
1 Zwiebel, gewürfelt 2 EL Öl 1 Karotte 4–5 EL Erbsen (Tiefkühlware) 100 ml Brühe 1 TL Curry Salz etwas Paprikapulver	Zwiebelwürfel und Fleisch auf höchster Stufe in Öl an-braten, Karotten würfeln und mit den Erbsen zugeben, Brühe aufgießen, würzen. 25 Min. köcheln lassen.
½ Apfel ½ Banane 1 Becher Crème fraîche	Apfel schälen, würfeln. Banane in Scheiben schneiden. Unter die Masse geben. Crème fraîche unterziehen. Mit Salz und Curry abschmecken.
Petersilie, fein gewiegt	Hähnchencurry anrichten, mit Petersilie bestreuen.

Dazu passt: **Quellreis** (s. Seite 8).

So erarbeitest du dir einen Wissensvorsprung:

1. Was ist typisch indisch am Gericht Hähnchencurry?
2. Apfel- und Bananenstücke werden erst nach Ende der Garzeit unter das Gericht ge-geben. Begründe diese Vorgehensweise!
3. Im Rezept Hähnchencurry ist einiges unterstrichen. Warum ist dies so wichtig?

Italienisches Fischgericht

Mehlschwitze
2 EL Butter oder Olivenöl
2 gestr. EL Mehl
gut ¼ l Wasser

Fett in einem Topf erhitzen, Mehl zugeben und unter Rühren goldgelb anschwitzen (= Mehlschwitze).
Kaltes Wasser nach und nach zugießen, dabei mit dem Schneebesen kräftig rühren, bis die Soße glatt ist. Unter weiterem Rühren aufkochen lassen.

2–3 EL Tomatenmark
¼ Dose Mais
125 g TK-Champignons
1 grüne Paprikaschote,
  gewürfelt
1–2 Knoblauchzehen,
  gepresst
1 TL Paprikapulver, edel-
  süß
1 TL Salz
wenig Cayennepfeffer
1 Pr. Zucker

Zutaten zur Soße geben.
5 Min. köcheln lassen, gelegentlich umrühren. Wichtig: keinen Brühwürfel verwenden, um den typischen Eigengeschmack der Speise nicht zu überdecken.

1 großes Fischfilet,
  Tiefkühlware
Zitronensaft
Salz

Fischfilet antauen lassen, nach der 3-S-Regel vorbereiten. In Würfel von etwa 2 cm Kantenlänge schneiden, Fischwürfel zur Soße geben, zugedeckt bei mäßiger Hitze gar ziehen lassen.

Zum Verfeinern
½ Pck. Tiefkühlkräuter
  (8-Kräuter-Mischung)
1–2 EL Crème fraîche

Fischgericht abschmecken, mit Kräutern und Crème fraîche verfeinern, sofort servieren.

Nudeln
250 g Bandnudeln

Nudeln nach Packungsanleitung zubereiten.

Beim Herstellen einer Mehlschwitze ist die Gefahr der Klumpenbildung gegeben. Durch folgende Küchentricks kann dem entgegengewirkt werden.
● Zum Aufgießen den Topf von der Herdplatte nehmen.
● Stets mit kalter Flüssigkeit aufgießen. Heiße Flüssigkeit beschleunigt die Klumpenbildung!
● Befinden sich dennoch Klumpen in der Soße, so kann durch sofortiges Pürieren eine sämige Beschaffenheit erzielt werden.

So erarbeitest du dir einen Wissensvorsprung:

1. Das Besondere am italienischen Fischgericht ist die Mehlschwitze.
   a) Üblicherweise wird diese unter Verwendung von Butter oder Margarine hergestellt. Was spricht dafür, in diesem Fall Olivenöl zu verwenden?
   b) Welchen Zweck erfüllt eine Mehlschwitze bei Soßen oder Suppen? Informiere dich gegebenenfalls auf S. 169!
2. Die Arbeitsschritte unseres Gerichtes wurden bereits zusammengefasst.
   a) Bei welchen Arbeitsschritten entsteht eine Wartezeit?
   b) Ordne die Arbeitsschritte in der richtigen Reihenfolge!

Mehlschwitze herstellen
Geschmackszutaten zur Soße geben, köcheln lassen
Fisch antauen lassen
Fisch nach der 3-S-Regel vorbereiten
Fischwürfel zur Soße geben, gar ziehen lassen
Fischgericht verfeinern
Nudelwasser zum Kochen bringen
Nudeln kochen

3. Tiefkühlprodukte können in gefrorenem, angetautem oder aufgetautem Zustand verwendet werden.
   a) Wie werden Tiefkühlfisch, Tiefkühlchampignons und Tiefkühlkräuter verarbeitet? Begründe!
   b) Nicht immer werden Tiefkühlpackungen ganz verbraucht. Was muss für den restlichen Packungsinhalt beachtet werden?

4. Fisch wird nach der 3-S-Regel verarbeitet.

Welcher Arbeitsschritt entfällt bei der Verarbeitung von Tiefkühlware? Begründe!

1. Säubern	**2. Säuern**	**3. Salzen**
Ganze Fische waschen, evtl. schuppen, filetieren, nochmals waschen.	Mit Zitronensaft oder Essig beträufeln, kurz einziehen lassen. Der Fischgeruch wird gebunden und das Fischfleischgewebe gefestigt (durch Gerinnung von Eiweiß).	Erst unmittelbar vor der Weiterverarbeitung, damit die Gewebeflüssigkeit nicht austritt. Salz entzieht dem Lebensmittel Wasser und Nährstoffe.

5. Wieso handelt es sich bei unserem Gericht um ein Schnellgericht?

Frühlingstopf mit Kräutersoße

75 g Weizenkörner, eingeweicht in ⅜ l Wasser **1 TL Brühpulver**	Weizenkörner im Dampfdrucktopf auf Garstufe II 15 Min. garen.
2 Frühlingszwiebeln **1 Stange Staudensellerie** **1 Karotte** **½ Kohlrabi** **2 Kartoffeln**	Frühlingszwiebeln und Staudensellerie putzen, waschen und in etwa 1 cm dicke Halbringe schneiden. Karotte, Kohlrabi und Kartoffeln schälen, waschen, würfeln.
2 EL Butter **1 Knoblauchzehe, gepresst** **½ TL Salz** **Pfeffer**	Gemüse in Butter andünsten, Knoblauchzehe mitdünsten, würzen. Weizenkörner mit Flüssigkeit zugeben. 15 Min. bei mäßiger Hitze dünsten.
1 EL Petersilie, fein gewiegt	Frühlingstopf in einer Schüssel anrichten und mit Petersilie bestreuen. Dazu Kräutersoße reichen.

Kräutersoße

2 Bund Kräuter: **Schnittlauch, Zitronenmelisse, Borretsch, Pimpinelle**	Schnittlauch waschen, in feine Röllchen schneiden. Kräuter waschen, zupfen und fein wiegen.
1 Becher Joghurt **100 g Crème fraîche** **1 Pr. Salz** **Pfeffer** **Saft einer halben Zitrone**	Zutaten in einer kleinen Schüssel mischen. Kräuter unterrühren, würzen.

Im Gegensatz zur herkömmlichen Haushaltszwiebel zeichnen sich Frühlingszwiebeln durch ihr sehr feines und mildes Aroma aus. Äußerlich ist die Frühlingszwiebel dem Lauch ähnlich und wird daher auch Lauchzwiebel genannt. Aufgrund ihres hohen Wassergehaltes sollten Frühlingszwiebeln nicht länger als zwei Tage im Kühlschrank aufbewahrt werden.

So erarbeitest du dir einen Wissensvorsprung:

1. Wodurch wird das Gericht zu einem typischen Frühlingsgericht?
2. Die Weizenkörner für dieses Gericht sollten über Nacht in kaltem Wasser eingeweicht werden. Begründe!
3. Informiere dich auf Seite 171 und 172 über die sachgerechte Verarbeitung von Frühlingszwiebeln, Staudensellerie und Kohlrabi!

Hüttensnack

125 g Nudeln (Hörnchen) **1,5 l Wasser** **Salz**	Nudeln laut Packungsanleitung in kochendem Salzwasser garen, abseihen.
1 Zwiebel **¼ Kopf Wirsing**	Zwiebel würfeln, äußere Blätter und Strunk vom Wirsing entfernen, Wirsingkopf vierteln, Wirsing von zwei Seiten in feine Streifen schneiden.
1 Kabanossi *oder* **2 Debrecziner** **2 EL Öl** **⅛ l Brühe** **½ TL Kümmelpulver** **Salz, Pfeffer**	Wurst in Scheiben schneiden und in heißem Öl anbraten. Gemüse zugeben, kurz mitbraten, mit Brühe aufgießen, würzen. Zugedeckt etwa 10 Min. köcheln lassen.
Petersilie, fein gewiegt	Nudeln unter die Masse geben, kurz erwärmen. Mit Petersilie bestreut servieren.

So erarbeitest du dir einen Wissensvorsprung:

1. Wodurch wird der Hüttensnack zu einer deftigen Mahlzeit?
2. Informiere dich auf Seite 171 über die sachgerechte Verarbeitung von Kraut! Leite daraus die Verarbeitung des Wirsings ab!
3. Essen leicht gemacht: Mit geringem Kochaufwand ist der abgebildete Hüttensnack schnell auf den Tisch gebracht. Nimm dazu Stellung!

Gemüsetortillas

Tortillas sind ursprünglich kleine dünne Maisfladen, ähnlich unseren Pfannkuchen. Sie gehören zu den ältesten Speisen der Einwohner Mexikos. Aus dem Spanischen übersetzt, heißt Tortillas „kleine Kuchen".

Für den Teig:

4 EL Weizenmehl	Zutaten in einer Rührschüssel verrühren. 20 Minuten quellen lassen.
4 EL Haferflocken	
2 Eier	
⅛ l Milch	
1 Pr. Salz	

Gemüsezugabe nach Wahl:

1 Karotte, geraspelt	2 – 3 verschiedene Gemüsearten wählen und entsprechend zerkleinern.
1 kleiner Lauch, in feine Streifen geschnitten	
1 rote Paprikaschote, gewürfelt	
3–4 Champignons, feinblättrig geschnitten	
3 EL Erbsen	
3 EL Mais	

1 Knoblauchzehe, gepresst	Ausgewähltes Gemüse in Olivenöl andünsten, würzen. Gemüsemasse zum Teig geben und gut untermengen.
1 TL Thymian	
Cayennepfeffer	
evtl. 1 Peperoni, in feine Ringe geschnitten	
etwas Olivenöl	

Zum Ausbacken:

Olivenöl	Pfanne trocken erhitzen, Olivenöl zugeben, mit einem Löffel kleine Teigfladen ins heiße Öl setzen, von beiden Seiten etwa 3 Min. ausbacken. Gemüsetortillas mit Quarksoße servieren.

Dieses Rezept kann abgewandelt werden:
4 Scheiben Salami fein würfeln und mit dem Gemüse unter den Teig mengen.

Olivenöl wird aus dem Fruchtfleisch der Olive gewonnen. Es hat einen ausgeprägt fruchtigen Geschmack und eine zart olivgrüne Farbe.
„Natives Olivenöl" oder „olio virgine" wird ohne chemische Behandlung kaltgepresst und ist von feinster Qualität. Ursprünglich wurde das Olivenöl im Mittelmeerraum verwendet, ist aber aufgrund seines erlesenen Geschmacks heute in aller Welt beliebt.

Quarksoße

250 g Quark **Milch** **½ TL Salz** **Schnittlauchröllchen**	Quark mit Milch anrühren. So viel Milch zugeben, bis die Masse eine cremige Beschaffenheit aufweist. Mit Salz und Schnittlauchröllchen würzen, kühl stellen.

Quark ist in verschiedenen Fettstufen im Handel:

	Sahnequark 40% Fett	Quark 20% Fett	Quark Magerstufe
Beschaffenheit Geschmack	sahnig – cremig		trocken, krümelig

Quark und Sahne sollten frisch eingekauft werden, es muss unbedingt auf das Haltbarkeitsdatum geachtet werden.

So erarbeitest du dir einen Wissensvorsprung:

1. Was sind Tortillas?
2. Entscheide dich für zwei Gemüsesorten aus obigem Angebot! Berücksichtige dabei Farbzusammenstellung, Geschmack und Saison! Entscheidungshilfen findest du im Gemüsekalender auf Seite 125.
3. Wieso ist es zweckmäßig, die Milchmenge bei der Quarksoße nicht abzumessen, sondern nach eigenem Empfinden zuzugeben?
4. Bei Mehl und Haferflocken gibt es verschiedene Angebote. Welche Entscheidung würde ein gesundheitsbewusster Verbraucher treffen?
   - weißes Weizenmehl
   - Weizenvollkornmehl
   - kernige Haferflocken
   - blütenzarte Haferflocken
5. Quark ist in unterschiedlichen Fettstufen erhältlich. Weshalb ist es empfehlenswert, für dieses Gericht Magerquark zu verwenden?
6. Durch die Zugabe von Salami würde dieses Gericht an sich eine ausgewogene Mahlzeit darstellen. Warum ist es jedoch gesünder, die Salami wegzulassen? Begründe?

Salatteller mit mediterranem Dressing

für die Salatteller:
1 Eisbergsalat
1 Gurke
2 gelbe Paprikaschoten
6 Tomaten

Eisbergsalat in mundgerechte Stücke schneiden, Gurke hobeln, Paprikaschoten putzen, vierteln und in Streifen schneiden. Tomaten in Achtel schneiden, dabei Stiel- und Blütenansatz entfernen.

Mediterranes Dressing:
500 ml Olivenöl
100 ml Obstessig
30 ml Wasser
1 TL Salz
1 EL flüssiger Honig
1 TL mittelscharfer Senf
1 TL Sojasoße
1 gute Hand voll Basilikumblätter

Alle Zutaten in einen Rührbecher geben und pürieren.
<u>Bermerkung:</u>
Falls zu ölig, Essig und Gewürze hinzufügen.
Wenn zu sauer, Salz und mehr Öl dazugeben.

Salatzutaten auf Kuchentellern anrichten und mit dem Dressing überziehen (= nappieren).

Dressings (engl. to dress = bekleiden, anziehen) sind dickflüssiger als Marinaden, haften besser auf den Blättern und brauchen deshalb nur locker nappiert werden. Seine Cremigkeit und Bindung erhält das Dressing durch den Senf; ohne ihn würde sich alles nach kurzer Zeit wieder entmischen. Das Dressing hält sich in einem fest verschließbaren Gefäß im Kühlschrank problemlos drei Wochen. Bei Bedarf muss es neu aufgeschlagen werden.

So erarbeitest du dir einen Wissensvorsprung:

1. Salatteller mit mediterranem Dressing:
   a) Was versteht man unter einem Dressing?
   b) Welche Zutaten fehlen, wenn das Dressing
   - zu ölig
   - zu sauer ist?
   c) Lies die Zutaten für das Dressing aufmerksam durch! Was ist auffallend?
2. Welche Vorteile hat die lange Haltbarkeit eines Dressings im Privathaushalt?
3. Was versteht man unter dem Fachbegriff nappieren?

Kaiserschmarren

3 Eiklar	Eiklar zu Eischnee schlagen.
150 g Mehl **1 Pr. Salz** **2 EL Zucker** **¼ l Milch** **3 Eigelb**	Zutaten der Reihe nach in eine Rührschüssel geben, zu einem glatten Teig rühren. Eischnee unterheben.
2–3 EL Rosinen	Rosinen in ein Sieb geben, waschen, abtropfen lassen.
Zum Ausbacken: **Butter oder Margarine**	Margarine in einer Pfanne zerlassen, die halbe Teigmenge hineingießen, die Hälfte der Rosinen auf den Teig streuen. Teig goldgelb anbacken lassen, wenden, wieder anbacken lassen. Anschließend mit zwei Gabeln in mundgerechte Stücke reißen. Kaiserschmarren in einer Schüssel in der Backröhre warm halten. Zweite Hälfte des Teiges wie beschrieben ausbacken.
Puderzucker	Kaiserschmarren mit Puderzucker besieben. Sofort servieren!

Dazu passt:
Apfelmus (s. S. 151)

Im Gegensatz zum Pfannkuchen wird der Teig beim Kaiserschmarren etwa 1 cm hoch in die Pfanne gegossen. Eine zu dünne Teiglage hat zur Folge, dass der Kaiserschmarren durch das Backen zäh wird.

So erarbeitest du dir einen Wissensvorsprung:

1. Der Grundteig für den Kaiserschmarren ist ein Pfannkuchenteig. Vergleiche die Zutaten beider Grundrezepte. Stelle Unterschiede heraus!

Pfannkuchenteig	Kaiserschmarren
250 g Mehl	300 g Mehl
1 Pr. Salz	1 Pr. Salz
$\frac{3}{8}$ l Milch	50 g Zucker
4 Eier	$\frac{1}{2}$ l Milch
	5–6 Eier, getrennt

2. Lies nachfolgende Information!
   a) Warum ist es arbeitserleichternd, bei der Zubereitung des Kaiserschmarrens mit dem Schlagen des Eischnees zu beginnen?
   b) Wie kannst du überprüfen, ob der Eischnee fest genug ist?

   Eischnee wird nur dann fest, wenn sowohl Schüssel als auch Rührbesen fettfrei und sauber sind.
   Ob der Eischnee fest ist, erkennt man daran, wenn
   ● er Spitzen zieht,
   ● der Einschnitt mit einem Messer deutlich zu sehen bleibt und nicht nach innen verläuft,
   ● er beim Umdrehen der Schüssel nicht herausläuft.

3. Stelle die Besonderheit beim Ausbacken des Kaiserschmarrens heraus.

Apfelmus

6 säuerliche Äpfel	Äpfel waschen, schälen, vierteln, Kernhaus entfernen.
$\frac{1}{8}$ bis $\frac{1}{4}$ l Wasser **1 Zimtstange** **etwas Zitronensaft**	Äpfel mit Wasser und Geschmackszutaten im geschlossenen Topf zum Kochen bringen. Hitze stark drosseln. Etwa 15 Min. leicht köcheln lassen.
Zucker nach Belieben	Zimtstange entfernen, Apfelmasse pürieren. Mit Zucker abschmecken. Apfelmus muss immer etwas säuerlich schmecken.

So erarbeitest du dir einen Wissensvorsprung:

1. Zu welchen Speisen wird Apfelmus gerne gegessen?
2. Warum ist es sinnvoll, nicht die gesamte Wassermenge gleich zu Beginn zuzugeben?
3. Die vorbereiteten Äpfel werden mit dem Wasser und den Geschmackszutaten kalt zugesetzt.
   a) Was versteht man darunter?
   b) Warum wird dies gemacht?

Trifle mit Ananas

Trifle (sprich: traifl) kommt aus dem Englischen und bedeutet „Kleinigkeit". Das Trifle besteht immer aus Keksen oder Kuchen, Früchten, Sahne und häufig einer Creme oder einem Pudding. Typischerweise werden die einzelnen Komponenten in eine Schüssel geschichtet. Meist ist das Trifle mit gerösteten Mandeln – auch Krokant – garniert. Übrigens: Trifle ist ein glänzendes Versteck für jede Art von Kuchenresten!

½ l Milch 1 Pck. Mandelpudding Zucker nach Vorschrift	Pudding nach Packungsanleitung kochen, etwas auskühlen lassen, ab und zu umrühren.
1 kleine Dose Ananas	Ananas abseihen, in kleine Stücke schneiden.
2 EL Mandelblättchen	Mandelblättchen in einer Pfanne trocken rösten.
1 Becher Sahne	Sahne in einen Rührbecher geben, schlagen.
	Den ausgekühlten Pudding mit dem Pürierstab cremig aufschlagen und in 4 Dessertschälchen geben.
100 g Amarettini frische Pfefferminze	Amarettini darauf verteilen, die geschlagene Sahne mit einem Esslöffel locker darüber streichen, Ananasstückchen darauf verteilen. Mit gerösteten Mandelblättchen und etwas Minze garnieren.

Amarettini sind knusprige Mandelkekse. Der Geschmack der Mandeln wird durch die so genannte Bittermandel verstärkt. Das Aroma der Bittermandel ist vielen Menschen vertraut: Amaretto ist wohl der bekannteste Mandellikör.

So erarbeitest du dir einen Wissensvorsprung:

1. Was ist typisch für jedes Trifle? Lies dazu den Infotext über dem Rezept!
2. Worauf kommt es beim Puddingkochen an? Beschreibe kurz die richtige Zubereitung von Stärke!
3. Was versteht man unter „trocken rösten"? Vermute!
4. Wann entsteht bei der Zubereitung dieses Gerichtes eine Wartezeit? Schreibe sie heraus!

Grießbrei

1 l Milch **1 Pr. Salz**	Milch mit Salz zum Kochen bringen.
100 g Grieß	Grieß in die kochende Milch einrühren. Hitze stark drosseln, unter ständigem Rühren etwa 5 Min. köcheln lassen.
Zimtzucker	Fertigen Grießbrei in Teller füllen, mit Zimtzucker servieren.

So erarbeitest du dir einen Wissensvorsprung:

1. Grießbrei gilt als äußerst einfache Mahlzeit. Von welchen Personengruppen wird er vorrangig verzehrt?
2. Welches Gerät nimmst du zum Einrühren des Grießes? Begründe deine Entscheidung!

Kochlöffel

Lochkochlöffel

Schneebesen

Italienischer Becher

½ Orange **½ Apfel** **½ Banane** **2 Scheiben Ananas** **etwas Ananassaft**	Orange und Apfel schälen, in Würfel schneiden. Banane in Scheiben schneiden. Ananas in Stücke schneiden. Obst mit dem Ananassaft vermengen.
4 Löffelbiskuits	Biskuit in Glasschälchen bröckeln. Obst darüber verteilen.
½ l Milch **1 Pck. Vanillepudding** **Zucker nach Vorschrift**	Pudding laut Packungsanleitung zubereiten und auf dem Obst verteilen.
gehackte Pistazien	Nachspeise mit gehackten Pistazien bestreut servieren.

So erarbeitest du dir einen Wissensvorsprung:

1. Stelle die Besonderheiten dieser italienischen Nachspeise heraus!
2. Tuttifrutti wird je nach Saison sehr unterschiedlich zubereitet. Erläutere!
3. Informiere dich auf Seite 175 über die Verarbeitung der Orange!

Biskuit-Omelettes gefüllt
mit Sahne und Mandarinen

Biskuitteig ist sehr eierreich und wird in der Regel ohne Fett zubereitet, somit ist er leicht verdaulich und für Schonkost geeignet. Er lässt sich vielseitig einsetzen und kann zu Torten, Schnitten oder Rouladen verarbeitet werden. Seine Konsistenz ist aufgrund der Eiermenge und der lockeren Schaummasse, bzw. des steifen Eischnees sehr locker. Durch das Rühren wird zusätzlich viel Luft eingeschlagen.

Beim „Blitzbiskuit" wird der Teig auf eine einfachere, schnellere und rationellere Weise hergestellt, indem aus ganzen Eiern, Zucker und Wasser eine cremige, hellgelbe Schaummasse geschlagen wird. Bei der herkömmlichen Arbeitsweise werden die Eier getrennt und aus dem Eiklar zusätzlich Eischnee geschlagen, der dann später unter die Schaummasse gehoben wird.

Herd vorheizen! Backblech mit Backpapier vorbereiten!

Biskuitteig:
(Wasserbiskuit/Blitzbiskuit)

4 Eier
120 g Zucker
2 EL Wasser
Schale ½ Zitrone, gerieben

Eier, Zucker, Wasser und Zitronenschale zu einer festen, hellgelben Schaummasse schlagen.

60 g Mehl
60 g Stärkemehl
½ TL Backpulver

Mehl und Backpulver darüber sieben und nur kurz mit dem Schneebesen unterheben. Teig sofort gleichmäßig auf dem Backblech verteilen und backen.

Einschubhöhe	mittlere Schiene
Temperatur	180 °C
Backzeit	10 Minuten

oder

Einschubhöhe	mittlere Schiene
Temperatur	200 – 220 °C
Backzeit	8 – 10 Minuten

In der Zwischenzeit ein feuchtes Geschirrtuch auf der Arbeitsfläche ausbreiten und einen kalten, feuchten Lappen bereithalten. Gebackene Teigplatte auf das Tuch stürzen. Backpapier mit dem Lappen leicht anfeuchten. Papier vorsichtig abziehen.
Sofort 4 – 6 runde Kuchenstücke (ca. 12 cm) ausschneiden. Erkalten lassen.

Füllung:
1-2 Becher Sahne
3 EL Zucker
1 Pck. Vanillezucker

Sahne mit Zucker und Vanillezucker steif schlagen.

1 kl. Dose Mandarinen
(ggf. Obst nach Jahreszeit)

Mandarinen abtropfen lassen.

Die ausgekühlten Omelettes auf einer Hälfte mit Sahne und Obst füllen. Omelettes hochklappen, leicht andrücken und mit Puderzucker besieben. Kalt stellen.

So erarbeitest du dir einen Wissensvorsprung:

1. Bringe die Arbeitsschritte in eine sinnvolle Reihenfolge!

Sahne steif schlagen

Teigplatte backen

Schaummasse herstellen

Omelettes füllen

Zutaten herrichten und abwiegen

Herd vorheizen

Backblech vorbereiten

Omelettes ausschneiden

Teig gleichmäßig auf dem Blech verteilen

2. Worauf beruht die Lockerheit des Biskuit?
3. Wie kommt es zu dem Begriff „Blitzbiskuit"?

Schwarzwälder-Kirschcreme

Kirschmasse:	Kirschen mit Saft, Zucker, Zimt in einen Topf geben. Einige Kirschen für die Verzierung aufheben.
½ Glas Schattenmorellen (340 g) 1 EL Zucker 1 Msp. Zimt 1 gehäufter TL Stärke	3 EL Saft abnehmen, in eine Tasse geben und mit der Stärke klumpenfrei anrühren (Mehlteiglein). Kirschmasse zum Kochen bringen, Mehlteiglein einrühren, (Anbrenngefahr!) aufkochen lassen bis Masse eingedickt ist. Angedickte Kirschmasse in eine Schüssel füllen, damit sie schnell abkühlen kann.

Creme: 250 g Magerquark 1 B. Magerjoghurt 1 EL Zucker 1 Pck. Vanillezucker geriebene Zitronenschale	Quark, Joghurt, Zucker, Vanillezucker, Zitronenschale mit dem Schneebesen gut verrühren.
½ Becher Sahne	Sahne mit dem Handrührgerät steif schlagen und in die Quarkmasse heben. Abwechselnd Quarkmasse und ausgekühlte Kirschmasse in Schälchen füllen.
Schokoraspel	Dessert mit Kirschen und Schokoraspel verzieren. Kühl stellen.

Falscher Bienenstich

1 tiefes Backblech Backpapier	Backblech mit Backpapier auslegen.
4 Tassen Mehl 1 ½ Pck. Backpulver 2 Tassen Zucker 2 Eier 2 Tassen Buttermilch	Zutaten in der angegebenen Reihenfolge in eine Rührschüssel geben, zu einem glatten Teig verrühren, auf das vorbereitete Backblech gießen.
Belag: 100 g Mandelblättchen ½ Tasse Zucker	Mandelblättchen gleichmäßig auf dem Teig verteilen, Zucker darüberstreuen, backen.
1 Becher Sahne	Sahne nach dem Backen über den Kuchen gießen.

So wird der Herd eingestellt:

Einschubhöhe	2, Blech		Einschubhöhe	2, Blech
Temperatur	175 °C	**oder**	Temperatur	180 °C, vorgeheizt
Backzeit	25 Minuten		Backzeit	25–30 Minuten

154

Arbeitsauftrag:
Welche Möglichkeiten gibt es beim Binden von Speisen?
Informiere dich gegebenenfalls auf Seite 169!

So erarbeitest du dir einen Wissensvorsprung:

1. Was unterscheidet den falschen Bienenstich vom herkömmlichen Bienenstich?
2. Der falsche Bienenstich wird nach der All-in-Methode hergestellt. Was versteht man darunter? Informiere dich gegebenenfalls auf Seite 168!
3. Der Kuchenteig enthält kein Fett. Aus welchem Grund ist dies nicht nötig?
4. Warum ist es wichtig, zum Abmessen der Zutaten immer dieselbe Tassengröße zu verwenden?

Schokoplätzchen, Rührteig

225 g Butter 3 Eigelbe 100g Puderzucker 1 Pck. Vanillezucker	Backofen vorheizen, Backblech vorbereiten. Alle Zutaten nacheinander zugeben und mit dem Handrührgerät schaumig schlagen.
200 g Mehl 1 Pck. Backpulver	Mehl und Backpulver einsieben.
125 g ger. Haselnüsse 3 EL Kakao 2 Msp. Zimt	Haselnüsse, Kakao und Zimt zugeben, alles kurz unterrühren. Mit bemehlten Händen kleine Teigkugeln (2 cm Durchmesser) formen, geordnet aufs Backblech setzen. Mit einer bemehlten Gabel die Teigkugeln vorsichtig flach drücken. Backen.
Schokoglasur Haselnusscreme	Schokoglasur schmelzen. Plätzchen auskühlen lassen, mit Haselnusscreme bestreichen, zusammensetzen und mit Schokoglasur überziehen.

So wird der Herd eingestellt:

Einschubhöhe	2, Blech	oder	Einschubhöhe	2, Blech
Temperatur	160 – 180 °C		Temperatur	180 – 200 °C
Backzeit	8 – 10 Minuten		Backzeit	8 – 10 Minuten

Damit der Rührteig gelingt, gib folgende Zutaten nacheinander in eine Rührschüssel und schlage sie mit dem Handrührgerät schaumig:
Zuerst die weiche Butter und dann den Zucker und die Geschmackstoffe (z. B. Zitronenschale, Vanille) hinzufügen. Nach und nach die Eier hinzugeben und alles ca. 3 Min. schaumig rühren. Dann Mehl und Backpulver einsieben.
Beachte: Das Mehl nur kurz unterrühren! Den Teig sofort backen!

M-Klasse: „Fit für den Tag"

Du kannst neu dazulernen,

- eine ausgewogene Tageskost am Beispiel unterschiedliche Frühstückstypen zu beziehen,
- dass es Inhaltsstoffe in Lebensmitteln gibt, die eine gesundheitsfördernde Wirkung haben,
- probiotische Lebensmittel hinsichtlich ihrer Wirkung und Preiswürdigkeit zu beurteilen,
- Ernährungsempfehlungen der Kampagne „5 am Tag" konkret auf das eigene Essverhalten zu beziehen,
- den Einfluss der Werbung auf das Kaufverhalten zu erkennen und kritisch zu prüfen,
- Lebensmittel zunehmend selbstständiger auszuwählen und zu verarbeiten und dies zu begründen,
- in der Auseinandersetzung mit aktuellen Themenstellungen vielfältige Möglichkeiten der Informationsbeschaffung zu nutzen und in angemessener Weise darzustellen,
- den Computer als Informationsquelle selbstständig zu nutzen und mit anderen Möglichkeiten der Informationsbeschaffung zu vergleichen.

EAN = erhöhtes Anforderungsniveau

Werbung

ABWEHRACTIV DURCH ACTIMEL

Die aktive probiotische Kultur L.Casei Defensis erhöht die Anzahl nützlicher Darmbakterien.

Dadurch werden unerwünschte Bakterien verdrängt und Ihre Abwehr unterstützt.

activiert Abwehrkräfte

Actimel ist ein probiotischer Joghurtdrink, der dank der nur in Actimel enthaltenen Kultur L.Casei Defensis bei regelmäßigem Verzehr Ihre natürlichen Abwehrkräfte activiert.

Arbeitsaufträge:
1. Obiges Produkt wird von der Werbung als probiotisches Lebensmittel angepriesen.
   a) Welche Informationen erhältst du?
   b) Welche Erwartungen werden durch die Produktaufmachung geweckt?
2. Der Werbespot fordert den Kunden zum täglichen Konsum auf – am besten zum Start in den Tag. Welche Hintergründe des Herstellers könnten damit verbunden sein?

Gesundheitlicher Aspekt

Probiotisch kommt vom lateinischen „Pro bios" und heißt: für das Leben.
Demnach sollen probiotische Produkte die Gesundheit und Fitness des Menschen erhalten und fördern. Verantwortlich dafür sind die sogenannten bioaktiven Stoffe. Sie lassen sich in 3 Gruppen unterteilen:

Bioaktive Stoffe

Milchsäure und Milchsäurebakterien

Milchsäurebakterien bilden die Grundlage für eine Fülle von Sauermilchprodukten wie z. B. Joghurt, Quark, Kefir. Milchsaures Gemüse, z. B. Sauerkraut, enthält ebenfalls wertvolle Milchsäurebakterien.

Ballaststoffe

Als wichtigster Baustoff stellen Ballaststoffe das Skelett der Pflanze dar. Demnach sind Ballaststoffe nur in pflanzlichen Lebensmitteln zu finden. Je mehr Schalen, Kerne und faserige Bestandteile ein Lebensmittel hat, desto ballaststoffreicher ist es.

sekundäre Pflanzeninhaltsstoffe

Diese Stoffe kommen immer in winzigen Mengen in Pflanzen vor. Dort erfüllen sie wichtige Aufgaben, z. B. Schutz vor Krankheiten und Schädlingen.
Auch für den Menschen haben sekundäre Pflanzeninhaltsstoffe eine gesundheitsfördernde Wirkung.

Arbeitsaufträge:
Welche bioaktiven Stoffe enthalten die Lebensmittel der folgenden Speisen?

Trinkjoghurt Vollkornbrötchen mit Käsecreme Obstsalat mit Müsliflocken

Wie wirken bioaktive Stoffe im Körper?

Farbenfrohe Vielfalt

Die abgebildeten Lebensmittel fallen durch ihre intensive gelbe, rote oder grüne Farbe auf. Demzufolge ist es der enthaltene Farbstoff, der als bioaktiver Stoff wirkt.

Dieser beugt im Körper Krebs vor und schützt unsere Blutgefäße vor Herz- und Kreislauferkrankungen.

Würzende Schärfe

Hier sind es die enthaltenen Senföle, die als bioaktiver Stoff wirken. Beim Essen nehmen wir dies als scharfen Geschmack wahr.

Senföle hemmen Entzündungen, insbesondere Blasenentzündungen und Husten. Untersuchungen haben weiterhin ergeben, dass Senföle der Entstehung von Krebs entgegenwirken.

Ballaststoffreiche Lebensmittel

Der enthaltene bioaktive Stoff ist an die Ballaststoffe gekoppelt. Mit ihnen stabilisieren sie die Randschichten von Getreidekörnern und Hülsenfrüchten. Auch in erhitzter Form bleiben die Stoffe bioaktiv.

Im Körper fördern sie die Darmgesundheit. Zudem wirken sie der Entstehung von Brust- und Gebärmutterhalskrebs entgegen.

Gesundes Fett in Pflanzen

Der bioaktive Stoff kommt in fettreichen Pflanzenteilen als Botenstoff vor. Wird aus den Kernen Öl gewonnen, bleibt der Botenstoff nur bei der schonenden Kaltpressung erhalten.

Obwohl die bioaktiven Stoffe nur in geringen Mengen vom Körper aufgenommen werden, senken sie nachweislich den Cholesterinspiegel. Außerdem haben sie eine schützende Wirkung gegen Dickdarmkrebs.

Fast in allen Pflanzen

Als Schutz- und Farbstoffe der Pflanze sitzen diese bioaktiven Stoffe bei vielen Lebensmitteln in oder direkt unter der Schale. Diese sollte daher, wenn möglich, mit verzehrt werden.

Im Körper schützen diese Polyphenole vor Infektionen und mindern das Herzinfarktrisiko. Unter allen sekundären Pflanzenstoffen stellen sie vermutlich den wirksamsten Schutz gegen Krebs dar.

Nützliche Abblocker

In der Pflanze verhindert der bioaktive Stoff, dass das gespeicherte Eiweiß zu früh abgebaut wird. Im Körper blockiert er sowohl die Entstehung als auch das Wachstum von Krebszellen. Diese Abblocker sind in unerhitzter Form besonders wirksam. Deshalb ist es sinnvoll, das gekeimte Getreide in Form von Sprossen zu essen.

Gesundes aus der Hülsenfrucht

Hülsenfrüchte enthalten als bioaktiven Stoff Saponin. Da diese wasserlöslich sind, sollten die gequollenen Hülsenfrüchte stets im Einweichwasser gegart werden. Saponine senken im Körper den Cholesterinspiegel und beugen Darmkrebs vor. Indem sie die Bildung von Antikörpern anregen, stärken sie das Immunsystem.

„Stinkt" und heilt

Es sind die schwefelhaltigen Verbindungen, die Zwiebelgewächsen ihr scharfes Aroma verleihen. Diese Stoffe sind verantwortlich dafür, dass einem beim Schneiden von Zwiebeln und Lauch die Tränen in die Augen treten. Insbesondere der Knoblauch gilt als Allheilmittel. Er unterdrückt Bakterien, Viren, Pilze und stärkt darüber hinaus das Immunsystem. Außerdem dient er der Vorsorge gegenüber Krebserkrankungen. Nicht zuletzt senkt er den Cholesterinspiegel und hält das Blut dünnflüssig.

Aromatische Düfte

Es sind die ätherischen Öle, die hier für die gesundheitsfördernde Wirkung verantwortlich sind, z. B. das Menthol in der Pfefferminze. Die ätherischen Öle in den Kräutern verflüchtigen sich schnell. Daher sollten Kräuter, wenn möglich, erst kurz vor dem Servieren zu den Speisen gegeben werden. Ätherische Öle hemmen die Bildung von Krebs erregenden Stoffen.

Arbeitsaufträge:
1. Welche Wirkung haben bioaktive Stoffe auf den menschlichen Körper?
2. Obst und Gemüse sind nicht nur aufgrund ihrer Vitamine und Mineralstoffe so wichtig. Erläutere!

Wir erkennen:
Bioaktive Stoffe in pflanzlichen Lebensmitteln
- fördern die Darmgesundheit,
- beugen Krebs vor,
- sorgen für dünnflüssiges Blut,
- senken den Cholesterinspiegel,
- unterdrücken Bakterien, Viren, Pilze,
- hemmen Entzündungen,
- stärken das Immunsystem.

Produktvergleich: Joghurt contra Joghurt

Wer einen Joghurt isst, der lässt es sich nicht nur schmecken, er oder sie tut auch etwas für die Gesundheit. In dem Milchprodukt steckt viel Calcium, und die Milchsäurebakterien können bei Darmproblemen helfen. Das war schon immer so. Und doch ist jetzt alles anders. Denn seit einigen Jahren gibt es dank eines geschickten Marketings auch im Joghurt-Regal den Besten unter den Guten: den probiotischen Joghurt.

Actimel – im Zentrum unserer Abwehr activ

Actimel ist ein probiotischer Joghurtdrink, der sich durch seine besondere, active Kultur L. Casei Defensis auszeichnet. Diese natürliche Kultur ist nur in Actimel enthalten. Im Vergleich zu herkömmlichen Joghurtkulturen ist sie besonders widerstandsfähig gegen Magen- und Gallensäuren und gelangt somit in größeren Mengen activ in den Darm. Dort, wo knapp 80 % der Abwehrreaktionen unseres Körpers stattfinden, hilft Actimel mit seinen L. Casei Defensis Kulturen, unerwünschte Bakterien zu verdrängen und unsere Abwehr zu stärken.

Actimel – dreifach stark für Ihre Abwehr

Mit der in Actimel enthaltenen Kultur L. Casei Defensis wird unsere Abwehr auf dreifache Weise unterstützt:

1. L. Casei Defensis unterstützt das natürliche Gleichgewicht unserer Darmflora und hilft die Ausbreitung unerwünschter Bakterien zu verhindern.
2. L. Casei Defensis bildet eine schützende Barriere, die unerwünschte Bakterien abwehrt.
3. L. Casei Defensis kurbelt die Produktion lebenswichtiger Abwehrzellen an.

Die Wirkung von Actimel – wissenschaftlich bewiesen

Die Wirkung von Actimel wurde vom Danone Forschungszentrum in Paris sowie von verschiedenen unabhängigen wissenschaftlichen Forschungsinstituten bzw. Universitäten bestätigt. Wissenschaftliche Studien zeigen übereinstimmend die positiven gesundheitlichen Wirkungen von Actimel.

Aus dem Testbericht von Ökotest

Die Hersteller stützen sich auf zahlreiche Studien über die von ihnen verwendeten Bakterienstämme. Doch die meisten Experimente wurden im Reagenzglas oder im Tierversuch gemacht. Häufig wurde nicht mit dem Lebensmittel getestet, sondern mit den bloßen Bakterien. Die Ergebnisse sind nicht ohne weiteres auf den Menschen übertragbar und gelten zudem immer nur für den jeweils getesteten Stamm.
Obwohl an der Universität in Jena bei Frauen, die täglich 300 Gramm probiotischen Joghurt aßen, mehr krebshemmende Substanzen im Stuhl festgestellt wurden, bleibt der Jenaer Professor Gerhard Jahreis in seiner Beurteilung zurückhaltend: „Es ist ein vorläufiges Ergebnis einer einzigen Studie. Wir bewegen uns hier noch lange nicht auf dem Boden gesicherter Erkenntnisse." Positiv wirkte sich der Test auch auf den Cholesterinspiegel der Frauen aus. Allerdings sank er bei den Personen in der Kontrollgruppe, die Standardjoghurt aßen, genauso stark.

Arbeitsaufträge:
1. Lies den Infotext der Firma Danone über das Produkt Actimel! Wodurch genau soll die Abwehr gestärkt werden?
2. Firmen, die diese Produkte anbieten und mit gesundheitsfördernder Wirkung werben, beziehen sich gerne auf gesicherte wissenschaftliche Erkenntnisse. Vergleiche dazu den Testbericht von Ökotest. Was stellst du fest?
3. Vergleiche beide Joghurts. Ist der probiotische Joghurt seinen Preis wert? Begründe deine Meinung!

1,25€

1,00€

30 % der enthaltenen Milchsäurebakterien kommen lebend im Darm an und können ihre fördernde Wirkung entfalten.

40 % der enthaltenen Milchsäurebakterien kommen lebend im Darm an und können ihre fördernde Wirkung entfalten.

Wir erkennen:
Um sich gesund zu ernähren, braucht es keine teuren „Spezial-Lebensmittel" der Industrie – gute Basis-Lebensmittel, zu denen ein einfacher Joghurt, aber auch Obst und Gemüse zählen, erzielen die gleiche Wirkung.

Ernährungsempfehlung „ 5 am Tag"

Die Gesundheitskampagne fordert uns auf, 5 Portionen Obst und Gemüse über den Tag verteilt zu essen. Der Fantasie sind bei „5 am Tag" keine Grenzen gesetzt. Ob roh oder gegart, als Saft oder Salat, frisch vom Markt oder aus dem Tiefkühlfach – an Obst und Gemüse ist erlaubt, was schmeckt:

● 5 Portionen = 5-mal eine „Hand voll"

● Mehr Gemüse als Obst. Als Faustregel gilt: 3 Portionen Gemüse und 2 Portionen Obst.

● Eine der 5 Portionen kann aus 1 Glas Gemüse- oder Fruchtsaft bestehen. Wichtig: Es muss 100 % Saft sein!

● Eine der 5 Portionen kann ab und zu als gesunde Nascherei aus Trockenobst bestehen.

 Arbeitsaufträge:

1. „5 am Tag"
   Aufgrund der probiotischen Wirkung von Obst und Gemüse lautet eine Ernährungsempfehlung, aus dieser Lebensmittelgruppe täglich 5-mal zuzugreifen. Wie kann dies konkret
   ● beim Frühstück,
   ● vormittags,
   ● beim Mittagessen,
   ● nachmittags,
   ● beim Abendessen
   aussehen?
2. Bei „5 am Tag" handelt es sich um ein europaweites Programm.
   Informiere dich unter www.5amtag.de genauer!

Bei der Obst- und Gemüseauswahl ist zu beachten:
● Heimisches Obst und Gemüse bevorzugen.
● Lebensmittelauswahl nach der Jahreszeit richten.
● Freilandanbau bevorzugen.
● Regionale Anbieter bevorzugen.
● Nur reife Lebensmittel verwenden.
● Auf vielfältige Auswahl an Obst und Gemüse achten.

Frühstückstypen

A Kein Frühstück

Frühstück, nein danke! Dies ist dein erster Gedanke, wenn du zu diesem Frühstückstyp gehörst. Trotz bester Bemühungen ist es dir morgens nicht möglich, irgendetwas Essbares die Speiseröhre hinunterzubekommen. Schon der Gedanke an ein Frühstück löst bei dir bereits ein körperliches Unbeha- gen aus.

B Manchmal Frühstück

Ob du frühstückst oder nicht, bleibt bei dir eher dem Zufall überlassen! Deine Frühstücksgewohnheiten werden davon geprägt, wie gut du morgens aus dem Bett kommst und wie viel Zeit dir bleibt, um noch halbwegs rechtzeitig aus dem Haus zu kommen. Grundsätzlich bist du einem leckeren Frühstück nicht abgeneigt, aber morgens möglichst lange auszuschlafen ist dir wichtiger.

C Immer Frühstück

Es muss bei dir schon etwas Unvorhergesehenes passieren, bevor du auf dein geliebtes Frühstück verzichtest! Um ausreichend Zeit zum Frühstücken zu haben, bist du sogar bereit, ein paar Minuten früher aufzustehen. Als Frühstücksliebhaber ist es für dich unvorstellbar, den Morgen ohne etwas Festes im Magen durchzustehen.

Arbeitsaufträge:
1. Informiere dich über die unterschiedlichen Frühstücksgewohnheiten! Welcher Frühstückstyp bist du?
2. a) Weshalb ist es nicht zwangsläufig so, dass sich Frühstückstyp A und B insgesamt schlecht ernähren?
   b) Ein Frühstücksliebhaber zu sein, d. h. immer zu frühstücken, bedeutet nicht automatisch, gesund zu frühstücken. Erläutere!
   c) Tipps rund ums Frühstück erhältst du unter folgender Internetadresse: www.fussballd21.de

Frühstücksbuffet

Das klassische Frühstück besteht längst nicht mehr nur aus Brötchen und Marmelade. In Hotels sind Frühstücksbuffets üblich. Kneipen und Bars bieten als Attraktion häufig einen Brunch an.
Der Vorteil eines Frühstücksbuffets besteht darin, dass eine Vielzahl von Speisen und Getränken angeboten wird.

Arbeitsaufträge:
1. Was könnte deiner Meinung nach bei einem Frühstücksbuffet angeboten werden?
2. Es ist zu beobachten, dass die meisten Menschen bei einem Frühstücksbuffet länger und ausgiebiger frühstücken als zu Hause. Wie ist dies zu erklären?
3. Ein Frühstücksbuffet vorzubereiten stellt einen gewissen Arbeitsaufwand dar. Deshalb ist so ein Angebot immer auf einen größeren Personenkreis ausgerichtet und von daher bestens geeignet für eine Aktion in der Schulcafeteria. Wählt für ein Frühstücksbuffet interessante Rezepte aus! Umfangreiche Informationen und Rezeptideen findet ihr unter www.5amtag.de.

„Wir sind Schule"

Ihren Vorsprung an Wissen und Erfahrung können insbesondere M-Schüler an ihre Mitschülerinnen und Mitschüler weitergeben. Als so genannte **Tutoren** unterstützen dafür ausgebildete M-Schüler vor allem die Schülerinnen und Schüler aus den fünften Klassen. Insbesondere für die „Neuankömmlinge" an der Schule ist es wichtig, sich schnell einleben zu können. Denn inwieweit sie sich zur Schulfamilie zugehörig fühlen, hängt entscheidend davon ab, wie schnell und stark sie sich mit dem Leben an der Schule identifizieren.

Bereits zu Schulbeginn stellen sich die Tutoren den neuen Mitschülerinnen und Mitschülern vor. Dies kann zum Beispiel im Rahmen eines gemeinsamen Schulfrühstücks in der Schulcafeteria geschehen, wozu alle neuen Klassen mit ihrer Klassleitung eingeladen werden. In der lockeren und entspannten Atmosphäre einer gemeinsamen Essenssituation können erste vertrauensvolle Verbindungen geknüpft werden. Die Schüler jeder Klasse erfahren, welche Tutoren für ihre Klasse zuständig sind. Die Tutoren ihrerseits übernehmen erste Betreuungsaufgaben wie z. B. gemeinsame Spiele zum Kennenlernen, Hilfestellung bei der Orientierung im neuen Schulgebäude ...

Mögliche Aktivitäten der Tutoren

Gemeinsames Schulfrühstück

Betreuung während einer Lesenacht

Gestaltung eines Bastelnachmittags für den Adventsbasar

Anregungen zur Gestaltung der Mittagspause

Mitwirkung bei der Nachmittagsbetreuung

Spiele zum Kennenlernen

Gestaltung eines Video-Abends mit Pizza-Essen

Weitergabe von Informationen und Erfahrungen zu verschiedenen Wahlfächern

Ansprechpartner im Pausenhof

Orientierungshilfe und Ansprechpartner während dem ersten Elternsprechabend

Begleitung bei Ausflügen, Wandertagen oder Unterrichtsgängen

Einstudieren von Tänzen oder anderen Aufführungen

Hilfestellung bei der Orientierung im neuen Schulgebäude

WIR SIND SCHULE !

Wie wird man Tutor?

Tutor zu sein ist eine Ehre. Bedingt durch die Außenwirkung ihrer durchgeführten Aktionen, z. B. durch Pressemitteilungen, übernehmen Tutoren sogar Repräsentationspflichten der Schule. Es ist eine verantwortungsvolle Aufgabe mit Vorbildfunktion gegenüber den Mitschülerinnen und Mitschülern.

Neben der Fähigkeit, im Team zu arbeiten und mit Mitmenschen leicht ins Gespräch zu kommen, bedarf es einer speziellen Ausbildung.

Im Gruppenleiterlehrgang erwerben die zukünftigen Tutoren Kenntnisse über Gruppenarbeit, partnerschaftlichen Führungsstil sowie Problem- und Konfliktlösungsstrategien. Außerdem lernen sie zur Beschäftigung der Zielgruppe verschiedene Spiele und deren Durchführung kennen.

Für die Betreuung der Tutoren ist an jeder Schule eine Lehrkraft und/oder ein/e Mitarbeiter/in der Schulsozialarbeit zuständig. Die Organisation der Ausbildung sowie die Koordination aller Aktivitäten, die die Tutoren an der Schule durchführen, obliegt ihrer Verantwortung. Zudem sind sie für die Tutoren Ansprechpartner und Vertrauensperson.

„ALKOPOPS – cool, fresh and fun?"

Die süßen Verführer erobern die Jugend

Alkoholvergiftungen bei Jugendlichen nehmen zu

Mädchen sind besonders gefährdet

Alkoholindustrie setzt auf die junge Generation

Alkopops, süß und farbig – der Alkoholgehalt wird völlig unterschätzt

Alkoholmissbrauch im Jugendalter fördert die Suchtgefahr.

Arbeitsauftrag:
Nimm Stellung zu obigen Schlagzeilen.

Was sind Alkopops?

Ein Alkopop (engl. pop „Brause") ist ein alkoholisches Mixgetränk. Es ist eine fertig gemixte, süße, kohlensäurehaltige Limonade, die mit Spirituosen, (Schnaps- z.B. Wodka, Rum, Tequila) oder Bier, Wein, Sekt gemischt ist. Die äußere Aufmachung vermittelt der jungendlichen Zielgruppe „fun and action pur".

Was macht Alkopops so gefährlich?

Durch den hohen Zuckergehalt und die künstlichen Geschmackstoffe der Alkopops wird der bittere, typische Alkoholgeschmack verdeckt. Dadurch besteht die Gefahr mehr und schneller zu trinken. In einen Alkopop (mit Spirituose versetzt) steckt ungefähr ein doppelter Schnaps, so dass das fertige Getränk ca. 5,5 Prozent Alkohol enthält. Zucker und Kohlensäure führen zu einer schnelleren Aufnahme des Alkohols ins Blut und dadurch zu einem schnelleren Betrunkensein.

A .... kann bei regelmäßigem Konsum zu Alkoholabhängigkeit führen! Sucht!

L .... schädigt Organe, v. a. Leber, Herz, Niere und nerven.

K .... macht dumm! Bei jedem „Rausch" sterben tausende von Gehirnzellen ab.

O ... beeinflusst wichtige Funktionen des Gehirns negativ,

z. B. Reaktions-, Leistungs- und Wahrnehmungsvermögen

H ... steigert Aggressionen.

O .... führt zu Selbstüberschätzung und Unfallgefahr.

L .... macht dick: ein Alkopop hat 200 kcal (836,8 kJ; 275ml; 5 Vol.-%)

Wie schützt der Staat die Jugendlichen?

Das Jugendschutzgesetz regelt in Deutschland die Abgabe von Alkohol an Kinder und Jugendliche. (Kinder sind Personen, die noch nicht 14 Jahre alt sind/ Jugendliche sind Personen, die 14 aber noch nicht 18 Jahre alt sind.)
Alkopops, die Spirituosen enthalten, dürfen nicht an Personen unter 18 Jahren abgegeben werden.
Mixgetränke, die Bier, Wein u.ä. enthalten, nicht an Jugendliche unter 16 Jahren.
2004 wurde zum Schutz der Jugend die **Kennzeichnungspflicht für Alkopops und die Alkopopsteuer** eingeführt.

Arbeitsauftrag:
Erkundige dich darüber ausführlich im Internet:
www.foodwatch.de
www.bzga.de

Nimm Stellung:
Mit Alkohol also nur Beifahrer?
Fahren mit dem Roller?
Sind Alkopops und Alkohol wirklich so cool?

Jugend und Promille

Ein Drittel der 12- bis 25-Jährigen in Deutschland greift regelmäßig (das heißt: mindestens einmal in der Woche) zum Alkohol. Fast zwei Drittel (61 Prozent) der Befragten hatten schon einmal einen Alkoholrausch. Alkohol ist gesellschaftsfähig und wird eng mit Ausgehen und Geselligkeit verknüpft. Das zeigt auch die Einstellung der Jugendlichen zum Alkoholtrinken. 67 Prozent bejahen, dass Alkohol für gute Stimmung sorgt, wenn man mit anderen zusammen ist. Typisch für die Party- und Ausgehkultur der Heranwachsenden ist der Konsum von Alkoholmixgetränken. Knapp ein Viertel der 16- bis 19-Jährigen trinkt mindestens einmal in der Woche Alkopops. Die 20- bis 25-Jährigen nähern sich schon eher den Trinkgewohnheiten der Erwachsenen an. Bei ihnen liegt Bier weit vorne, gefolgt von Wein. Zum Nachdenken über Alkoholkonsumgewohnheiten sollten folgende Schätzungen der Deutschen Hauptstelle für Suchtfragen anregen: 9,3 Millionen Menschen in Deutschland trinken gefährlich viel Alkohol; 1,6 Millionen gelten als alkoholabhängig; jährlich gehen 73 700 Todesfälle in Deutschland auf riskanten Alkoholkonsum zurück.

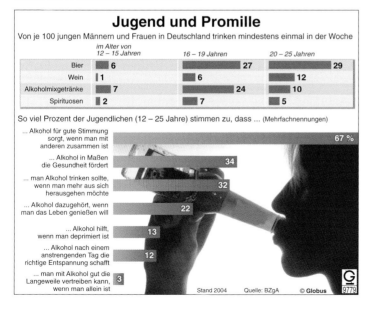

Arbeitsauftrag:
Seht euch die Grafik „Jugend und Promille" an.
Diskutiert in der Klasse:
a) Was haltet ihr von den Ergebnissen der Umfrage?
b) Gibt es Alternativen um auf einer Party Spaß und gute Laune zu haben? Was meint ihr?

Fachbegriffe zur Lebensmittelbe- und verarbeitung

All-in-Methode =	Alle Zutaten auf einmal entsprechend der Reihenfolge im Rezept in eine Rührschüssel geben. Anschließend miteinander verrühren oder verkneten.
Ablöschen =	Angedünstete oder angebratene Zutaten werden mit Flüssigkeit, z. B. Brühe, Wasser, aufgegossen. Die Röststoffe, die durch das Anbraten gebildet wurden, lösen sich und geben der Soße oder Suppe ihr Aroma.
Auslassen =	Aus dem Speck wird durch langsame Hitzezufuhr das Fett herausgelöst.
Ausquellen =	Die in den Nährmitteln (Grieß, Reis, Grünkern) enthaltene Stärke nimmt nach dem Aufkochen nach und nach die Flüssigkeit auf. Das Ausquellen kann häufig durch Nutzen der Restwärme geschehen.
Binden =	Andicken von Speisen.
Dippen =	Eintunken von Lebensmitteln (bevorzugt Gemüse) in pikant abgeschmeckte kalte Soßen.
Dünsten =	Lebensmittel mit etwas Fett angehen, ohne dass das Gargut dabei Farbe annimmt. Anschließend wenig Flüssigkeit aufgießen, zugedeckt bei mittlerer Hitzezufuhr garen. Dünsten ist sowohl im Kochtopf als auch im Backofen möglich.
Durchziehen lassen =	Damit die einzelnen Zutaten gut aufeinander einwirken können, lässt man beispielsweise Rohkostsalate oder Sahnetorten einige Zeit stehen.
Frittieren =	Garen in heißem Fett. Das Lebensmittel schwimmt in heißem Fett, sodass sich rundherum Röststoffe bilden können.
Gourmet =	Ein Kenner im Hinblick auf Speisen und Getränke, der gerne ausgesuchte Delikatessen isst – ein Feinschmecker.
Püree =	Masse von breiartiger Beschaffenheit.
Rösten =	Leichtes oder stärkeres Bräunen von Lebensmitteln zur Geschmacksverbesserung und Farbgebung. Das Rösten kann mit oder ohne Fett erfolgen. Häufiges Wenden des Röstgutes ist sehr wichtig, z. B. bei Nüssen, Toastwürfeln.
Schmoren =	1. Starkes Anbraten in heißem Fett, dabei Krustenbildung und Entwicklung von Röststoffen.
	2. Ablöschen, dabei lösen sich die Röststoffe im Schmortopf.
	3. Fertiggaren in dieser Flüssigkeit bei mäßiger Temperatur und geschlossenem Topf.
Überbacken =	Überkrusten und Bräunen der Oberfläche von Speisen in der Röhre. Überbacken wird auch als Gratinieren bezeichnet.
Verlesen =	Aussortieren von Lebensmitteln. Dabei wird die gute Ware von der schlechten getrennt.
Worcestersoße =	Fertige Würzsoße aus Malzessig, Sojabohnen, Zucker, Tamarindenmus, Sirup, Salz, Chilies, Nelken, Sherry und zahlreichen Gewürzen. Die Soße ist nach der englischen Stadt Worcester (sprich: Wuster) benannt.

168

Binden von Speisen

Mehlschwitze

Fett erhitzen, Mehl anschwitzen. (Kochlöffel)

Kalte Flüssigkeit nach und nach unter Rühren zugießen. (Schneebesen)

Flüssigkeit unter ständigem Rühren aufkochen lassen.
⇒ <u>Bindewirkung</u>

Stauben

Gemüse in heißem Fett andünsten. (Kochlöffel)

Mehl über das Gemüse streuen.

Gemüse durchrühren, Flüssigkeit zugießen, aufkochen lassen.
⇒ <u>Bindewirkung</u>

Mehlteiglein (Stärketeiglein)

Flüssigkeit zum Kochen bringen.

Mehl oder Stärke mit kalter Flüssigkeit klumpenfrei anrühren.

Stärke- oder Mehlteig in die kochende Flüssigkeit einrühren und aufkochen lassen. (Schneebesen)
⇒ <u>Bindewirkung</u>

Techniken der Lebensmittelbe- und verarbeitung

So verarbeiten wir Gemüse richtig:

Champignons blättrig schneiden:

Eine Hand voll Pilze kurz unter kaltem fließenden Wasser waschen.

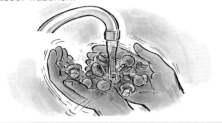

Feinblättrig schneiden; sehr kleine Pilze vierteln oder halbieren.

Chinakohl in Streifen schneiden:

Äußere welke Blätter entfernen.

Chinakohl längs halbieren, Strunk herausschneiden.

Chinakohl in feine Streifen schneiden.

Feldsalat vorbereiten:

Feldsalat verlesen, dabei welke Blätter und Wurzelansätze entfernen.

Feldsalatbüschel unter kaltem, fließendem Wasser waschen.

Frühlingszwiebeln in Röllchen schneiden:

Wurzelhaare und welke Spitzen entfernen.

In feine Ringe schneiden. Der Wurzelboden hält dabei die Zwiebel zusammen.

Gurke würfeln:

Gurke waschen und schälen.

Gurke längs halbieren, entkernen.

Gurken in Streifen, anschließend in Würfel schneiden.

Kohlrabi in Stifte schneiden:

An der Ober- und Unterseite die Schale abschneiden.

Mit einem kleinen Messer von oben nach unten schälen.

Kohlrabi in Scheiben, anschließend in Stifte schneiden.

Kraut schneiden:

Äußere welke Blätter entfernen.

Krautkopf halbieren, vierteln.

Kraut abwechselnd von beiden Seiten schneiden. Kraut dabei jeweils auf die vorherige Schnittfläche legen.

Lauch vorbereiten:

Trockene, beschädigte und braune Blattspitzen entfernen. Lauchstange längs durchschneiden.

Lockern der Lauchblätter. Herauswaschen der Schmutzteilchen vom Wurzelboden aus nach unten.

In feine Streifen schneiden. Der Wurzelboden hält dabei die einzelnen Lauchblätter zusammen.

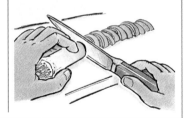

Paprikaschote in Streifen schneiden:

Paprikaschote waschen, der Länge nach halbieren, Stielansatz entfernen und vierteln.

Kerne und Rippen entfernen und nochmals waschen.

In feine Streifen schneiden.

Pommes frites schneiden:

Gewaschene rohe Kartoffeln schälen. Dabei auf den Körper zu arbeiten.

Geschälte Kartoffeln in Scheiben schneiden.

Kartoffelscheiben in gleichmäßig dicke Streifen schneiden.

Staudensellerie putzen und schneiden:

Wurzelboden abschneiden, um die einzelnen Stangen voneinander zu lösen.

Die gröbsten Fasern bei den äußeren Stangen von unten dünn abziehen.

Mehrere Stangen nebeneinander legen und in dünne Halbringe schneiden.

Tomaten in Scheiben schneiden:

Tomaten waschen und Stiel entfernen.

Stielansatz keilförmig heraus-schneiden (kleines Küchen-messer).

Tomaten in Scheiben schneiden (Tomatenmesser) – Stielansatz liegt dabei seitlich: Die erste Scheibe ist ein Ring!

Zucchini in Scheiben schneiden:

Zucchini waschen, Stiel und Blütenansatz knapp abschneiden.

Zucchini in Scheiben schneiden.

Kürbis in Würfel schneiden:

Kürbis halbieren und vierteln. Stielansatz entfernen. Kürbis anschließend in Spalten schnei-den.

Harte Schale mit Messer ent-fernen.

Kerne und weiches Fruchtfleisch mit einem Löffel herausnehmen.

Kürbisviertel in <u>dünne</u> Spalten schneiden.

Kürbisspalten in kleine Stücke schneiden.

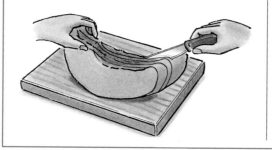 

So verarbeiten wir Obst richtig:

Äpfel raspeln:

Äpfel schälen.

Äpfel um das Kernhaus herum raspeln.

Kiwi in Scheiben schneiden:

Stielansatz keilförmig heraus-schneiden.

Kiwi längs schälen. Dabei auf den Körper zu arbeiten.

Kiwi in Scheiben schneiden.

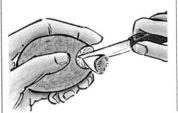

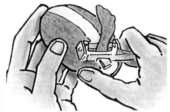

Erdbeeren zerkleinern:

Erdbeeren unzerkleinert und mit dem Grün kurz unter kaltem, fließendem Wasser waschen.

Die Kelchblätter mit einem klei-nen Messer knapp abschneiden. Der Keil als eigentlicher Aroma-träger verbleibt in der Frucht.

Erdbeeren entsprechend dem Verwendungszweck halbieren oder vierteln.

Melone verarbeiten:

Melone längs halbieren, vierteln.

Kerne mit einem Löffel ent-fernen.

Mit dem Kugelausstecher Melo-nenkugeln herauslösen.

Orange schälen:

An der Ober- und Unterseite Schale abschneiden.

Orange auf die Schnittfläche legen und von oben nach unten schälen.

Orange in Scheiben, dann Streifen und Würfel schneiden.

Zwetschgen zerkleinern:

Zwetschgen waschen, längs halbieren, entkernen.

In Streifen schneiden, würfeln.

Bildquellenverzeichnis

Literaturverzeichnis

AID Verbraucherdienst: Gefrierkost – Tiefgefrierkost von A – Z, Ingolstadt 1997

AID Videofilm: Garen unter Druck, Bonn 1990

allgemeine fleischerzeitung: Frankfurt 1994

Atlas der Weltverwicklungen

Arens-Azevedo/Hamm: Fast Food – Slow Food, Reinbek bei Hamburg

Arlt/Frank/Rieflin/Stockmar: Handreichungen für die Hauptschule mit Werkrealschule, Stuttgart 1994

Arndt/Singer (Hrsg.): Daumen Knuddeldick, (Ravensburger Verlag)

Beruf aktuell Ausgabe 1997/1998

Bräunig/Büttner-Badum/Weber: Tatort Leben, Hamburg 1997

Bundeszentrale für gesundheitliche Aufklärung, Köln: Essgewohnheiten, Stuttgart

Bundeszentrale für gesundheitliche Aufklärung, Köln:
Das Baby
Sicherheitsfibel
Unsere Kinder 2-6 Jahre
Nicht nur laufen lassen

Dahm: Mc Donald's: Die gepflegte Gier, Berlin 1995

Dettmer (Hrsg.): Gastgewerbliche Berufe in Theorie und Praxis, Hamburg 1995

Dettmer (Hrsg.): Kochen als Beruf, Hamburg 2005

Dominé/Ditter: Culinaria Band 2, Köln 1996

Elger: Die neue Schule der Nahrungszubereitung, Hamburg 2005

Engelmann/Dopfer: Zeitgemäß kochen und backen, München 1983

essen & trinken: Das große Gemüse Kochbuch, Köln

Feinschmecker Edition: Gemüse für anspruchsvolle Genießer, München

Flitner: Konrad, sprach die Frau Mama ..., München 1992

Furtmayr-Schuh: Postmoderne Ernährung, Stuttgart 1993

Gerchow/Steffens: Das Koch- und Backbuch, Hamburg 2005

Globus Kartendienst: Oma kochte anders, Hamburg 1995

Grell/Grell: Unterrichtsrezepte, Weinheim und Basel 1994

Grimm: Die Suppe lügt, Stuttgart 1997

Groot-Böhlhoff/Farhadi: In Sachen Ernährung, Haan-Gruiten 1994

Hoffmann/Dr. med. Lydtin: Bayerisches Kochbuch, München 1985

Hubert/Reith: Obst & Gemüse aus aller Welt, München 1992

Jönk/Mühlbach: Vom Säugling zum Kleinkind, Hamburg 1994

Kapfelsperger/Pollmer: Iss und stirb, Köln

Kugelmeier/Strömsdörfer/Thamm: Gut eingekauft, Köln

Landesanstalt für Ernährung, München

Longacre: Weniger ist mehr, Neuhausen-Stuttgart

natur, das Umweltmagazin, München

Niederländisches Büro für Milcherzeugnisse: Neues Kochen mit Frau Antje, Aachen 1996

Nitsch: Lirum...Larum...Fingerspiele, Mosaik Verlag

Partikel: Word für Windows 2.0 Schulung, Haar bei München 1992

Plößner/Fichtner: Zusammenleben – zusammenarbeiten, 7. Jgst., Hamburg 2005

Polenz: Kochen und Backen – gewusst wie, Hamburg 2005

Pollmer/Fock/Gonder/Haug: Prost Mahlzeit!, Köln 1994

Römer/Ditter: Culinaria Band 1, Köln

Roth: Vollwerternährung, Hamburg

Schwarz: Bunter Faden Zärtlichkeit, Freiburg im Breisgau 1986

Schlieper: Grundfragen der Ernährung, Hamburg 2004

Schlieper: Ernährung heute, Hamburg 2004

Schlieper: Arbeitsbuch Ernährung, Hamburg 2001

schöner essen: Das große Buch der Vollwertküche, Köln

Sorg/Eichhorn/Hedtke: Fundamente, Christsein, heute, Neukirchen-Vluyn 1983

Thilscher-Noll/Noll: Das Elternseminar, Neuhausen-Stuttgart

Troll/Seiwald/Höck/Klapfenberger/Günther: Unterrichtssequenzen Hauswirtschaftlich-sozialer Bereich, Donauwörth 1997

Verbraucherzentrale: Schlaraffenland aus dem Labor?, Düsseldorf 1993

Wagner: Gut geplant ist halb gelungen, 8. Jgst., Hamburg 1992

Wagner: Gut geplant ist halb gelungen, 9. Jgst., Hamburg 1993

Weck GmbH u. Co.: WECK Einkochbuch, 1988

Weinbrenner: Wege zu einem globalen umwelt- und sozialverträglichen Konsum, Berlin 1996

Weisbrod/Kuhn/Hirsch: Compassion – Ein Praxis- und Unterrichtsprojekt sozialen Lernens: Menschsein für andere, Bonn 1994

Sachwortverzeichnis

Sachwortverzeichnis

Rezeptverzeichnis (alphabetisch gegliedert)

Rezepturverzeichnis (nach Gruppen gegliedert)